WAC BUNKO

歴史通《れきし・つう》

谷沢永一

WAC

歴史は知性のつくった最も危険な産物である。

ポール・ヴァレリー「歴史について」

まえがき

この本は、私の歴史観、また、日本人論をめぐって、その枠組みを要約した試みである。と言ったりしたら、かなり大袈裟になるけれど、つまりはすこし平たく申して、私の乏しい知見に発した、ものの見方、の我流である。

むかし菊池寛は、世に生きた人であるかぎり、誰でも一生にひとつ、小説にできる材料を持っているものである、と言った。それをさらに一般へおしひろげるとすれば、社会の一員として年月をすごした人なら、みんなそれぞれ自分流に、ちょっとずつ違う色合いで、独自なものの見方をきづきあげている。つまり人の一生は、その人なりの人生観を、おもむろに形成する道行きでもあろう。その意味で、私は誰方《どなた》かの、或いは幾分かに広く共通の、発想や思案や思い入れを、恐縮ながら代弁しているにすぎないのである。

人間は、自分が生《せい》を享《う》ける時代を、望んで願うことができない。人はすべて運に左右される。おのれが生きる世を選ぶことができない。人生は招待された指定の枡席《ますせき》である。そこから起《た》って勝手に動きまわることなど許されないではないか。みづからが生まれあわせた時代を罵るのは、無意味であり、また態度として非礼である。許された可能な道はただひとつ、時代からできるだけ多くの養分を吸収する心意気であろう。すなわち、人がこの世に生きるとは、時代からどれだけ深く学ぶかの工夫でもある。或る人にとっての或る時代なるものは、定められた教科書《テキスト》であるのかもしれない。

言い古されたことではあるが、人間はすべて時代の子である。そのときどき、その社会の制約のなかで生きている。ということを強く考えすぎるあまり、歴史上の人物の行動を、すべて時代のせいにする見方も生まれた。けれども、その公式主義はあまりにも平易《イージー》である。人間をとりまく時代と社会は、甘味《あまみ》でもあり苦味《にがみ》でもあり、時にはかなり酸っぱすぎて舌を刺す。五味と言い七味と言いその他もろもろ、森羅万象がわれわれに味見をしろと促している。

世間のくまぐまを味わいわけるのは、すなわちわれわれの舌頭である。人の世のくさぐさを受けとる味感が鋭敏であればあるほど、室町時代の町衆のように、あら面白の人

まえがき

の世や、と手拍子を打つ心躍りにも至る。誰もが食を味わうように、人を味わい世を味わうのが人生の行程であるだろう。されば万事につけて味覚が鋭く広やかであるにこしたことはあるまい。この本は、皆さま方にそっと差しだす、味見のためのささやかな試食の膳である。

この世を司《つかさ》どっているのかもしれない something great は、至って皮肉に公平である。若いときは食欲が旺盛であり味覚は敏敏で歯は堅牢であるけれど、ああカネがない。年齢《とし》をとって懐にいささかゆとりもできたので、さあ御馳走をいただこうとするに及んでも、すでに入歯《いれば》の調子も悪く、食欲は減退し味覚が鈍磨している。我をして二十歳《はたち》の青春《はる》に戻らしめ給え、すべての高齢者は、心のなかでひそかに叫んでいるにちがいない。

若いときは、どんなに無茶な不義理をしてでも、生まれつきの歯が滑らかに堅く光っているうち、美味《おい》しい食べ物を存分に味わっておくことである。どんなに頭のよい人でも、知らない事柄について考えるなど不可能である。まず知ること味わうこと体験することである。精神で味わうべき事象についてもまた然り。若さはすなわち貪婪《どんらん》である。何《なん》でも彼《か》でも頬張って咀嚼《そしゃく》できる、人生にたった一度の黄金時代なのである。

誰にとっても、生涯をともに歩む親友を得るのは、おおよそ二十歳《はたち》前後に限られるという。娘二十歳はまだ純情よ、と唄の文句にあるけれど、男にとっても女にとっても、そのあたりが人生の純情期間である。精神の甘肌が小鳥の柔毛《にこげ》のごとく、どんなにかすかな風の動きにもふるえてそよぐ。全身これ感受性のかたまりなんだな。このあいだに、できるだけ多種多様の涼やかな風を呼びこんでおかなければ、精神の皮膚が硬直してからではもう遅いのである。

さて、この本は、昭和五十七年九月に刊行された『「正義の味方」の嘘八百――昭和史のバランスシート』の、編集をしなおして装いをととのえ、補論を加えた復活版である。かなりに凝《こ》ったもとの書名は、生涯の友であった故向井敏が案じてくれた。このとし私はすでに五十三歳、歴史と社会については最初の著作である。幸い幾分か版を重ね、また文庫本にもなった。

この本を企画したのは、講談社の市川端氏である。この人はなんとも豪放な性格で細部にこだわらない。一面識もない私にとつぜん電話してきて、一月三日、大阪梅田の新阪急ホテルへ来い、と呼びだす。指定の午前十時に出向くと、予約してあった部屋へ放りこみ、録音装置をセットした。それからウィスキーとおつまみを机の上にどんと置く。

私は生来の酒飲みだから座の設定にうるさい。市川さんは一滴も飲《や》れない人だから、ボトルがあったらそれでよかろうという構えである。上戸と下戸とのあいだで酒の飲み方を話しあうのは不可能であるから、まあいいや、と私も諦める。

そこで市川さんは、さあ何でもいいから言いたいだけのことを一冊の分量になるだけ吹きこめ、と命じ、同僚の村岡末男氏を残して、忙しそうにさっさと部屋を出ていった。仕方がないから、その日と翌四日との二日間、壁に鼻がつかえるような狭い部屋で、頭にあるかぎりの内容を語ったのが本書の粗稿となった。

私は昭和三十年以降、関西大学の教職にあって、内容はともかく、形式の面では、九十分の講義を週に四コマ受けもっている。何日も学校へ出るのはシンドイから、義務として担当する講義四コマを、一日の朝から晩までにまとめた。出る日も指定して月曜日とする。一年に何日か振替休日があるから、その分は合法的にサボれる。そのようにとりはからうと、一年間に出て行く日が二十日ぐらいになった。江戸の回向院《えこういん》の相撲は、十日ずつ春秋二回の興行であるから、川柳がある。一年を二十日で暮らすよい男。

また私は不精者であるから講義ノートを作らない。すべて当日その場での出たとこ勝負でやってゆく。小さい声で言うけれど、実は内藤湖南の真似である。それはともかく職業上、約七十分を一セットとする話の種を、いつでも吐きだせるよう、頭のなかの箪笥《たんす》に整理してある。だから市川さんの要望にそって、あっちの抽斗《ひきだし》こっちの戸袋と順に開けてゆけばよい。それゆえ無駄な時間がなく能率的である。この録音を立脇宏氏が整理して下さったので、ほとんど訂正の労もなく本ができあがった。

そして初版から早くも二十二年、ワックの鈴木隆一さんが掘り起こして下さり、瀬尾友子さんによる再編結集によって、あらたに甦る運びとなったことは、まことに嬉しくまた感謝にたえない。一般に、著者のすべては処女作にあり、さまざまな回路を経て、また処女作にもどると言われる。こうして読みかえしてみると、私の考え方の基本と枠組みは、すべてこの一冊に集約されているとの感が深い。

おことわり

天皇制という呼称は用いるべきでないと、現在の私は考えております。この貶《けな》し言葉は、日本共産党がコミンテルンのテーゼを鵜呑みにして使いはじめたにすぎません。大正十一年より前に書かれた我が国の文献すべてには、天皇制という言葉は絶対に記されておりません。これは日本語にあらず、ロシア語およびドイツ語を訳したつもりの外来語です。

この問題に関する私なりの報告は別に刊行いたしました。けれども、この本の原本を出したころ、私は学ぶことまだ浅く、勘所に思い至っていなかったため、間違った記述になっております。本文ですから訂正せずそのままにしておりますが、天皇制、とあるところを、皇室伝統、と読みかえていただきたく存じます。

平成十六年四月

谷沢　永一

歴史における唯一の絶対者は変化である。

E・H・カー『新しい社会』

歴史通◉目次

まえがき

第1章 「知恵」を読めば歴史通

1 日本に〝貴族〟はいなかった——20
政治に力を注いだ上代貴族　日本の政権担当層の特徴
私利私欲より治国平安　「東大寺」建立の歴史的意義
「収賄」の伝統がない日本　世界で唯一の武装せざる貴族

2 部下を可愛がる習慣の始まり——37
企業ヒエラルキーとロボットの関係　現場の優れた感覚と「赤提灯」
「百姓一揆」は管理職の責任　武家社会の国家管理体系
「調停」は源氏以来の国民思想　「御恩」と「奉公」の双務関係
わが国民性は武家社会で作られた

3 武士は政治的責任感を持っていた——55
日本の近代は信長から始まった　歴史を白紙に戻した「応仁の乱」
家訓を国家統合の理念にした家康　もともと日本にあった民主主義

大暴君・水戸黄門の謎　三百年の平安を保った人事システム
長子に相続させた吉宗の英断　世襲制と実力主義をミックス
「抜刀は罪悪」が武士の倫理

4 江戸が作った優れたシステム――76
「隠居」制度は日本の叡智　武士の契約精神
「三行半」の嘘　「参勤交代」の経済効果
武家と終身雇傭制　血の通った福祉のエッセンス
武家と町家の政経分離　三井の商家精神と組織作り

5 社会安定と経済成長を両立させた徳川政権――94
近代化への第一歩「太閤検地」　秀吉に学びたい真の「腹芸」
〝関ヶ原の戦い〟は派閥争い　調停者・北政所と勝海舟
江戸前期は高度経済成長時代　江戸の経済と地方自治
〝天守閣〟より社会の安定

6「天皇制」は嫉妬の象徴――112
「藩政改革」と「お家騒動実録」　抜擢人事に厳しい日本人

鷗外が迎合した日本人の心性　「髷物」と「天皇制」にみる国民性
なぜ「天皇制」が継続されたか　「嫉妬心」を直視する政治

第2章　「流れ」を観れば歴史通

1　明治維新は「会社更生法」の申請であった――130
わが「歴史学」の実態　明治維新は「革命」ではない
「大政奉還」は計画倒産宣言　〝経営陣〟入れ替えの立て役者
「アヘン戦争」の教訓　明治維新の知恵と日本の近代化
2　リーダーと青写真のない躍進――148
近代化推進の原動力　模倣と独立心
「隣百姓」の連帯意識　教育制度は明治初期に確立された
『女工哀史』の見落とした物　時代を観る真の歴史眼
伊藤博文と渋沢栄一
3　昭和の禍根はどこからきたか――166

「明治の世代」の現実感覚　限界と終結点を知っていた戦争
日露戦争は国家目標　「大正政変」の二つの因子
「大正の世代」が残した禍根

4 大正デモクラシーが招いた軍閥の跳梁――179
大正デモクラシーと枢密院の廃止　大正期の悲願「普通選挙」
「金権選挙」の始まり　民主的「普通選挙」の結果
大正民主主義と軍閥の跳梁　理想論の危険性

5 太平洋戦争は全国民の責任である――194
国民は無罪か　軍部を支持した国民感情
歴史感覚が欠如した解釈とは　「二・二六事件」と「同情論」

6 悲劇が活力の源泉となった――208
石橋湛山の優れた提言　進駐軍と渡り合った湛山
戦後の活力こそ「理外の理」　ホンネとタテマエの溝を埋めた原爆
東京裁判は私刑に他ならない

第3章 「人間」を知れば歴史通

1 実務家の現場感覚が戦後を作った――224
丸山真男の致命的な過誤　無責任な知識人を生んだ〝免罪符〟
知識人のナルシシズム　現実を直視しなかった思想家
戦後を支えた実務家たち
2 「六〇年安保」は未来への祝祭――236
「安保」とは何であったか　日本人独特の「面子意識」
岸信介と「ヤンキー・ゴー・ホーム」　日本的民主主義の完成
3 「ツケ」を支払う国民の知恵――248
革新系首長と「ひずみ」の関係　高度成長の「ツケ」
うまく「ツケ」を処理した現代史　国民の知恵が「見えざる神の手」
4 一億総知識人時代の大学像――258
一人前の「けじめ」がなくなった　社会的要請に適応できない大学
モラトリアム期間を過ごす大学像　実学のための基礎作りを
全人的教育の必要性

5 「円卓会議」の時代――270
三代を経た幸福な世代　高齢化社会の課題
全員参加システム「稟議制」　「円卓会議」が活力を生む
ルールなき「個」の確立　自己表現と人間関係

補論　陸軍は機密費で財テクに走った――284

旧版あとがき――315

装幀／加藤俊二（プラス・アルファ）

第1章

「知恵」を読めば歴史通

1　日本に〝貴族〟はいなかった

政治に力を注いだ上代貴族

津田左右吉《つだそうきち》の『文学に現はれたる我が国民思想の研究』は、『貴族文学の時代』を第一巻として始まる。日本の上代を「貴族の時代」とする史観は、今や完全に定説と化している。

確かに一握りの貴族が、わが国上代の政治、経済、文化を掌握していたことは事実である。人類史の流れの中で、いかなる国家、民族も、一度は「貴族の時代」を経過してきている。もし「歴史的必然」という言葉を使うなら、こういうところにこそ使ってもらいたいものである。

わが国上代を「貴族の時代」として捉《とら》えることは、一応妥当であるとしても、私は、日本上代の貴族と、諸外国の貴族は同じ「質」のものであったか、つまり、歴史的意味を同じくするものであったか、という単純な比較から論を進めて行きたい。というのは、単純であるだけに歴史の盲点でもあり、未だこうした比較論は試みられていないからである。

例えば、アンリ・トロワイヤの『大帝ピョートル』（中央公論社）によれば、彼がいかに国富を傾けて栄耀《えいよう》、栄華《えいが》、奢侈《しゃし》、贅沢《ぜいたく》をほしいままにし、悪逆無道を行ったかは一目瞭然である。同様に中国の宮廷、フランスのルイ王朝等の、あの豪華絢爛《けんらん》たるスケールは、これはもう想像を絶する。

しかるに、わが上代の貴族はどうであったか。諸外国の貴族とは同列に扱うも恥ずかしいほどスケールが小さい。どの天皇、どの貴族をとってみても、国富の半分以上も浪費できるほどの財も所有していなければ、死屍《しし》の山を築くほどの蛮行も行ってはいない。総じて貧弱で、小心翼々としている。唯一の例外は、雄略《ゆうりやく》天皇ぐらいのものと考えられていたが、そのエピソードも、ほとんどが中国の話の転写、でっちあげに過ぎないことが、小島憲之《のりゆき》（国文学者）初め多くの研究者の論証で明白となった。恐らく当時の中国崇拝熱と、日本の貴族の代表である雄略天皇にも、中国の貴族ぐらい雄大なエピソードをということで、当時の語部《かたりべ》が中国の話を素材に、大袈裟《おおげさ》な物語《フィクション》をでっちあげたものであろう。妊婦の腹を裂き、胎児を喰《く》らうなどということは、そもそもが中国の話なのである。

今までの歴史では、栄耀栄華の頂上を極めたように思われている藤原道長にしてからが、諸外国の貴族には比肩《ひけん》すべくもなく、国富の大半を私有していたわけでもなく、国運が傾くほどの浪費など、思いも及ばぬことであった。

少なくとも、史実によって遡《さかのぼ》れる天智《てんじ》、天武《てんむ》天皇以後のわが国の貴族は、諸外国の例を持ち出すまでもなく、実に質素な暮らしをしていたのである。少なくとも無理無体な搾取、非道なる行為、絢爛たる奢侈というモニュメント（遺跡・史実）は何も残っていない。

もちろん、経済力は独占していたわけだが、徹底的に国民、同胞から搾取するという精神を持たなかったわが国の貴族（国民の側にもそれを許さぬコンセンサスがあったわけだが）は、諸外国に比して、当然その経済的規模も小さく、また、それを浪費という形で社会へ放出し、栄耀栄華の絶頂を極めるという形態はとらなかった。

彼等が最も腐心《ふしん》し、力を注いだのは「政治」である。貴族的社会機構の中で、いかに効率的な政治を行うか、いかに効果的に権力の保持を図って行くかに、全知全能を傾注したのである。これは、連綿として今日まで続いている、わが国政治家の基本姿勢でもある。これをしも「悪」と規定するならば、それは、日本の社会から「政治」を追放せよ、という論理にしかならない。

日本の政権担当層の特徴

ともあれ、上代貴族は小心翼々として治政に腐心し、円滑な支配に心を砕いてきたのである。彼等の貴族としての贅沢、遊びといえば、せいぜい、「曲水《きよくすい》の宴」ぐらいのものである。これは庭に小さな河を造り、上流より盃を流し、その盃が自分の前に流れ至るまでに、和歌《うた》を一首詠《よ》むというたわいのない、無邪気な遊びである。このように、わが上代貴族は、ルイ十四世治下のフランスの貴族には、到底足許にも及ばぬほど吝嗇《けち》な集団に過ぎなかったのである。後世に名を残す方法は、勅撰《ちよくせん》集に入れてもらうことだけだった。何たる可愛気。

以上から演繹《えんえき》して言えることは、わが上代貴族は、同胞をトコトン搾取、収奪し、その上に豪華絢爛たる浪費生活、栄耀栄華を極めることに、誇り、満足、喜びを覚えるような人間集団ではなかったということ。また、貧しいながらも国民感情として、それを許さないコンセンサスが、日本列島に漲《みなぎ》っていたということ。そしてその国民的コンセンサスが、貴族集団の方向感覚を決定していたということ——等である。

今後の考古学、有史以前の史料の発掘をまつまでは、少なくとも、現在までの史料から浮かび上がってくる上代貴族の像は、今のところ、以上に尽きる。戦後の左翼系歴史学者が、いかにマルクス流の史観を力説しても、史実から浮かび上がってくる上代貴族の像は、以上をおいて他にはない。

従って、わが国上代を「貴族の時代」と規定することは勝手であるが、諸外国の貴族、及びその時代のイメージを、そのままわが国に当てはめ、一握りの貴族集団が悪逆無道と栄耀栄華をほしいままにし、人民は搾取に喘《あえ》いでいた、などという政治的意図からなる史観を捏造《ねつぞう》されては困る。史実を離れた歴史などというものは存在しない。

上代貴族に限らず、伝統的に日本の政権担当層は、経済的には倹《つま》しい暮らしをしてきているのが、特徴なのである。

例えば現在の発展途上国、中進国、社会主義国においてすら、支配階級、政権担当層が、いかに経済的に贅沢をしているか、豪華絢爛を誇っているかは、ヴォスレンスキーの『ノーメンクラツーラ』（中央公論社）を持ち出すまでもなく、明白な事実なのである。

階級なき平等社会を標榜《ひょうぼう》する中国でさえ、共産党幹部の子弟だけは、全てアメリカに留学し、次代の政治的、経済的ヘゲモニー（指導権）を握るべく準備されているという事実を、過小評価してはならないだろう。

こういう露骨な独占は、わが国ではかつてなかったし、考えられもしないことである。

例えば「遣唐使」ひとつをとってみても、あれは当時の支配階級、一部の貴族が、自階級の利益の為に行ったのでもなければ、被支配階級との文化的格差を広げ、その地位を安定させる為のものでもなかった。中国文化を広く、国民的規模で移入し、日本全体の文化の向上を図る為のものであったのである。

その証拠は、遣唐使の人的構成が、国民の各階層に行き渡るように、各階層から各々代表者が選ばれ、派遣されているという事実である。

国民各層に中国文化の余沢《よたく》が及ぶように、貴族代表、下級官僚代表、僧侶代表、学者・知識人代表等、国民各層を網羅《もうら》するように組み合わされているのである。決して一部の富裕貴族階級の独占ではなく、中国文化を摂取できる基礎学力さえあれば、階層は問わなかったのである。

こうしたことは、諸外国には例を見ないことである。古今を問わず、諸外国では、一部のエリートだけが特権を独占してきた。しかもこの傾向は、先進国より発展途上国に、資本主義国より社会主義国により多く見受けられる。社会主義国に「貴族」では洒落《しゃれ》にもならないが、事実スターリンなどは、数台の車に、カゲ武者を乗せて走っていたなどのエピソードも残っている。中共にも同様のことが言えるわけで、社会主義国の一部エリートは、すでに「貴族」と化しているのである。

アメリカにも「金権貴族」といわれる超エリート階級が存在し、大統領選挙には多額の「金」を醵出《きよしゆつ》し、主要国以外の大使職を、「金で買う」などという特権も行われているのである。

私利私欲より治国平安

このように日本と諸外国では、「貴族意識」が根本的に異なっているのである。上代貴族を初め、わが国のエリート集団は、政治、経済、文化等のあらゆる権力を独占しようとは発想しなかったし、国民もまた、それを許さなかった。これは、日本の社会秩序階層、ヒエラルキー（ピラミッド型の階層組織）においては、空白の部分がないということにも起因する。

例えば相撲の「番付」のように、横綱、大関、関脇、小結、前頭と秩序階層が緊密に、しかも整然と保たれており、諸外国のように、少数の横綱と、あと全ては幕下というようなことがないということである。

しかもこのヒエラルキーは、極めて流動的でもある。すなわち、運、不運、実力と精進《しょうじん》次第では、更《さら》に上位をも望み得るということである。例えば、藤原氏全盛時代に、後に失脚したとはいえ、菅原道真《すがわらみちざね》が、その辣腕《らつわん》によってあそこまで上位を確保し得たというのは、その好例である。

フランスの貴族社会のように上、下が截然《せつぜん》と分かれているのではなく、その差はわずか、関脇と小結ぐらいのものに過ぎなかったのである。五摂家《ごせっけ》（近衛《このえ》、九条、二条、一条、鷹司《たかつかさ》の五家。摂政《せっしょう》、関白《かんぱく》に任ぜられる家柄）などといっても、その特権は極くわずかで、少なくとも西欧的な意味での、独占的に横暴な貴族階級というものは存在しなかった。しかし、戦後史家の言によれば、わが国上代貴族は、その独占的地位を誇示し、庶民の血と涙の上に、「東大寺」なるものを建立《こんりゅう》したということになっている。

ここで、わが国における仏教というものを考えてみる必要がある。

わが国の仏教史は、鎌倉時代の法然《ほうねん》、親鸞《しんらん》の宗教革命をもって、截然と前後に分けられる。すなわち、貴族（僧侶を含む）独占の仏教と、民衆仏教とにである。前期仏教、すなわち貴族仏教は、宗教というよりは、当時のわが国を覆う、国家イデオロギー的色彩が非常に濃い。しかもそれは貴族、僧侶に独占されていた。それを換骨奪胎《かんこつだったい》して民衆次元に、国民大衆次元に普及させたのが法然、親鸞であり、宗教革命と呼ぶ所以《ゆえん》である。

さてその前期貴族独占仏教であるが、そのイデオロギー、思想、論理大系には、二つの大きな眼目がある。

そのひとつは、「護国鎮護《ちんご》」「国家安泰《あんたい》」というファクターである。国家全体の平安を祈り、政権の維持を願うということである。一国の平安を維持するということは、政権を永続的に維持するということに他ならない。現在の自民党にとって、国家の保全を維持することが、すなわち自党の維持に他ならないのと同様である。この因果関係は一見矛盾するかに見えながら、決して矛盾はしない。結果として民族の統合が果たされれば、それで良いわけである。社会集団があり、必然的に「政治」現象がある以上、これが政治の本質である。

古代宗教は貴族、僧侶の独占ではあったが、その目的とするところは、国家安全、民族統合にあり、仏教というイデオロギーにおいて、それをなし遂げようとした。従って神道《しんとう》に基づく天皇家（用明《ようめい》天皇）が、仏教を導入し、矛盾なくそれに帰依《きえ》できたわけである。このように仏教は、宗教というよりは、初めてわが国にもたらされた、国家統合のイデオロギーであったのである。

古代仏教のもうひとつの眼目は、社会福祉ということである。司馬遼太郎の『空海の風景』にも描かれているし、あるいは全国各地に散在する「行基菩薩《ぎょうきぼさつ》」の遺跡と称される社会設備にも象徴されるように、古代の仏教僧は、社会福祉使節団の役割を果たしていたのである。

全国を行脚《あんぎゃ》し、溜池《ためいけ》を造り、橋を架け、灌漑《かんがい》の道を拓《ひら》き、文化と福祉行政を推進していたのが、僧侶集団であったのである。その功績の伝説化が行基、弘法《こうぼう》大師という、特定の人間に結集したまでのことである。

こうした社会福祉行政が基礎にあったればこそ、東大寺建立に関しても、何事の国民的反発もなく、スムーズに事が運んだのである。しかも、その造立《ぞうりゅう》の目的が、貴族の権威と栄華を誇る為のものでもなく、聖武《しょうむ》天皇、光明《こうみょう》皇后の長寿延命を祈願するというような、個人的なものでもなく、あくまでも仏教信仰による国家、民族の統合を祈《き》願《がん》する象徴としてのものだったのである。

秦《しん》の始皇帝《しこうてい》が徹頭徹尾、自己と、自己そのものである国家権力に浪費した、あの厖大《ぼうだい》な金とエネルギーとは、根本的に発想が異なるのである。

「東大寺」建立の歴史的意義

戦後史家は、東大寺建立をもって、労働の搾取と呼んでいるが、私は決してそうは思わない。最近、エジプトのピラミッド構築は、当時の労働力の需要をつくりだす為のものであった、という説が唱えられているが、私はそれと同様なことが、当時の東大寺建立にもあったのではないかと思っている。

少なくとも東大寺建立は、労働力の需要を高めたことは確かだし、全国に及ぶ物資の流通網、道路網の拡充を促したことは否定できない。東北に産出する「金《きん》」を搬送する為には、どうしても今日いうところの、一級国道を必要とするのである。従って東大寺建立には、戦後史家が故意に見落としている、当時の労働力、経済力の範囲内で許される限りの「景気振興対策」という側面があるのである。

例えば秀吉の大坂築城といい、「万博」によって、大阪の地下鉄網が整備したのと同様なことが、当時の東大寺建立には隠されているはずである。

「東大寺」は、一寺院という宗教的象徴に止《とど》まらず、仏教という古代国家統合のイデオロギーが、当時の政権担当層である貴族集団によって、国家方針として採択されるとともに、全国的に社会福祉行政を押し広げ、古代農業を基盤とする、経済の枠組みができあがった、いわば、日本国家の枠組みの第一段階が終了したことの、エポック・メーキング（画期的）な象徴でもあったのである。

むろん、戦後史家の強調するように、東大寺は、ある一面では政治的権威の象徴でもあろう。しかしそれは、例えば秦の始皇帝が泰山《たいざん》に、自らの勲功を称《たた》えて碑《いしぶみ》を刻むといった発想とは、自《おの》ずから次元を異にする。あくまでも「治国平安」、国民の幸福と安全を祈願してのことなのである。しかしそれはあくまでもタテマエ上のことで、聖武天皇は自らの権威と長寿延命をこそ、内心では祈願したはずだとの反論もあるに違いない。

だとすればなおさらのこと、当時の貴族は小心翼々として、ホンネはおくびにも出せず、貴族の横暴と暴利を許さぬ国民の合意の前には、ひたすらにタテマエを貫くことによってしか、政権を維持できなかったということが、逆証明されるわけである。

「収賄」の伝統がない日本

従って、わが国上代を「貴族の時代」と呼ぶことは勝手であるが、諸外国における「貴族の時代」とは、根本的に異質なのだということには、留意して戴《いただ》きたい。わが国上代の貴族は、本質的に諸外国の貴族とは体質が異なり、決して巨大な私利私欲を貪《むさぼ》らなかったし、貪れなかったのである。これは連綿として現代まで続く、わが国為《い》政者《せいしゃ》の根本精神でもある。

と言えば、国中を挙げてセンセーションを巻き起こした、例の五億円贈収賄《ぞうしゅうわい》事件（ロッキード事件）が脳裡を掠《かす》めるに違いない。が、司馬遼太郎の言う如く、「収賄」とはもともと中国の言葉で、金額的には、国家予算の半分ぐらいを私腹することを言うのである。

日本では有史以来、「収賄」などということは行われた例《ためし》がない。貴族も、大名も、代官も、どの時代をとってみても「収賄」はなかった。現代まで一貫して、為政者が国家的規模で「収賄」をしたなどという事実はない。「収賄」という歴史的伝統がないからこそ、ピーナッツ数個で国中が沸き返るのである。わずか五億円という、日本のGNP（国民総生産）、あるいは国家予算に比較すれば、取るに足らぬ金額の贈収賄で、国中を挙げて沸き返るということ自体が、いかにわが国にこうした例がなかったかの、見事な逆証明であろう。

貴族社会の昔から、もしも贈収賄、中間搾取というものが公然と行われ、それが習慣化、伝統化されていたならば、僅々《きんきん》五億円ぐらいでこうまで世上が騒然となるはずはない。むしろ、良心を麻痺させ、悪人がのさばるということを、「われ、人、ともに許さず」という倫理観が、国民的、体質的常識となっているとみる方が妥当であろう。

それでも、その五億円事件も、アメリカの謀略説なども飛び出し、諸説紛々として未解決のままであるが、こうした事件が時々惹起《じやつき》する。「シーメンス事件」（一九一四年、海軍の収賄事件）もそうだったし、大仏《おさらぎ》次郎の小説『帰郷』のモデルのような、海軍内部における収賄事件なども起こる。小説の中では、ロンドンで軍艦一隻分を賭博《とばく》で使い果たし、亡命したということになっている。このモデルの人物は、先年カナダで亡くなったそうであるが、実際は賭博の果ての収賄などではなく、海軍内部の失策を一人で被《かぶ》ったのだとも言われている。それが海軍内部のことであっただけに、秘密が保たれていたのであろう。

世界で唯一の武装せざる貴族

閑話休題《むだばなしはさておき》、事程左様《ことほどさよう》にわが国上代貴族は、質素で、小心翼々たる集団に過ぎなかったのである。文献に現れた限りでの彼等の生態は、和歌と加持祈祷《かじきとう》に没頭し、天皇後《こう》宮《きゅう》での寵愛《ちょうあい》争いに明け暮れ、そしてそれが政治の根幹を左右し、和歌に秀《ひい》でた者がすなわち政治的にも有能と認められる、徹底した文官政治が行われたのである。

外国での唯一の例は中国の「科挙《かきょ》」の制度である。後に形骸化したとはいえ、隋《ずい》代から清《しん》朝に至る、千三百年間にわたって行われたこの制度も、完全な文官制度で、作詩能力、四書五経《ししょごきょう》（大学、論語、中庸《ちゅうよう》、孟子《もうし》の四書、易経《えききょう》、詩経、書経、春秋、礼記《らいき》の五経）の通暁《つうぎょう》能力が官吏、政治家として大きく問われたのである。原則的には門地、家柄にとらわれず、成績重視の世襲なしということになってはいるが、やはり門閥、財力がモノをいったようである。

科挙における作詩能力が、わが国においては和歌の能力であり、世界に例を見ない二十一代集という、天皇勅撰の和歌集が編まれ、それが国民歌集として、無名の「詠み人知らず」から、遊女、傀儡師《くぐつし》に至るまでの、あらゆる階層を網羅しているのである。まさに「科挙の前においては平等」同様、渡部昇一（上智大学名誉教授）が指摘したように、和歌の前においても平等なのである。こうした事実から浮かび上がってくるわが国上代貴族の姿は、可憐《かれん》極まりない。事実彼等は、諸外国の貴族のような、強奪、収奪、富の蓄積、非生産的浪費等には全く縁がなく、争いというものを極度に嫌ったのである。

彼等は武器を持たなかった。武装せざる貴族階級などというものは、わが国をおいて他にはない。従って、極めて内戦の少なかった時代でもある。それだけに、彼等の土地管理者である武士階級が勃興《ぼっこう》するや、彼等は瞬《また》く間に掃滅《そうめつ》されてしまうのである。そして後は、和歌の家柄、書の家柄、蹴鞠《けまり》の家柄などという家名と看板だけが残り、政治的、経済的権力は全くなく、文化的使命のみが残されるという結果となったのである。

貴族階級から武家階級への政権の移行は、歴史的に見れば、生産階級により密着した階層への、政治権力の移行ということである。現代の会社組織にたとえてみれば、貴族政権は重役以下全ては平社員ということであり、武家階級に政権が移行したということは、実権がようやく部、課長に移行し、重役陣は棚上げにされたということでもある。
こうして、可憐極まりないわが上代貴族の時代は終焉《しゅうえん》を告げ、時代は新興武家階級へと引き継がれて行くのである。

紅旗征戎吾ガ事ニ非ズ
藤原定家『明月記』

2　部下を可愛がる習慣の始まり

企業ヒエラルキーとロボットの関係

一九八二年現在、世界のロボット総数の八割方は、日本で使用されている。諸外国ではロボットに対する拒絶反応が著《いちじる》しく、特に労働者が反対しており、それほど普及してはいない。その理由の第一は、ロボットの導入によって労働市場が狭くなり、雇傭不安が募るからである。

第二の理由は、ロボット自体に対する異和感である。彼等がロボットから受けるイメージは、「異様《アブノーマル》」「ユダ」「悪魔の化身《けしん》」「インベーダー」という、マイナス・イメージばかりなのである。

それに反し日本では、「可愛い部下」という意識が強く、瞬《また》く間に全国の工場に普及して行った。その理由の第一は、わが国の雇傭関係が安定していて、労働者の反対がほとんどないということである。かりにロボットを導入しても、「終身雇傭制」に基づき、配置転換をしてくれるという安心感、信頼感が、労働者側にあるからである。

第二の理由は、渡部昇一が見事に喝破《かっぱ》したように、戦後の日本人は、ロボットに対する異和感が全くなく、むしろ親近感さえ覚えているということである。その最大の功労者は、戦後の「ロボット漫画」の作者たちである。

『鉄腕アトム』から『アラレちゃん』に至るまで、漫画の世界におけるロボットは、常に人間の姿をし、「正義」と「善意」に満ちたイメージを植えつけてきた。それが知らず識《し》らずの間に、ロボットに対する異和感を払拭《ふっしょく》し、親近感を植えつける地盤をなしていたのである。従って、もしも『高度経済成長功労賞』なるものができたら、まず真先に手塚治虫に与えるべきだろう、と常々私は思っている。

第三の理由として、「部下を可愛がる姿勢」が挙げられる。これは長谷川慶太郎（経済評論家）に多大の示唆を受けたのであるが、わが国の管理職には、「部下は可愛がるものの、決して苛《いじ》めたり、扱《しご》いたりするものではない」という姿勢が、体質にまでしみ込んでいると言う。部下の欠点はカバーしてやり、能力が発揮できるように配置転換をしてやるのが、上司の役目であるというコンセンサスが、日本の企業社会を覆っていると言う。

だから、夫の昇進をいちばん迷惑がるのは、その妻である、という矛盾もまま起こるわけである。部下が増えれば、それだけ面倒を見てやらなければならないし、「自腹《じばら》」「出血」も覚悟しなければならないからである。「いつまでも平《ひら》でいて……」という女心は、笑うに笑えないわけである。

こうした日本企業のヒエラルキーの中で、ロボットの果たす役割は、単なる労働力の補充に止まらず、丸山真男（政治学者）が言うところの「精神的抑圧移譲」にも、多大の貢献をしているわけである。というのは、企業ヒエラルキーの最下部に属する新入社員にも、入社早々から「可愛い部下」のロボットがおり、「精神的抑圧」の底辺におらずに済むということである。従って、わが国の企業ヒエラルキーは、ロボットをもって完成されるということでもある。

現場の優れた感覚と「赤提灯」

事程左様《ことほどさよう》にロボットは、日本の企業においては「可愛い部下」であり、精神安定剤なのである。だから、わが国のロボットにはペットネームが付いている。それはもはや一号機、二号機などという機械ではなく、『百恵』『聖子』という可愛いペットなのである。だから、決して故障したとは言わない。「今日は『聖子』はご機嫌が悪い」と言うのである。そして、懸命に『聖子』のご機嫌をとるべく、修理、修繕はもちろんのこと、再び『聖子』のご機嫌を損《そこ》ねないように、徹底的に改良を加え、より完全な『聖子』を作り上げるべく、努力と愛情を注ぐのである。

諸外国ではロボットが故障しても、廃棄してしまうか、せいぜい渋面をつくりながら、故障箇所を修理するくらいが「関の山」である。こうした彼我《ひが》のロボットに対する姿勢が、ロボット会社の数にも如実に現れている。

ちなみにアメリカのロボット製作会社の数は二十社、それに引き換え、カリフォルニア一州の国土にも満たないわが国のロボット製作、販売会社の数は、百四十社にも達しているのである。この数値の落差が意味するところは大きい。

例えば、サインペンで有名なある会社は、資本金はわずか四億〜五億円に過ぎないが、一本のサインペンを作るのにも、顕微鏡を使った精密なプロセスを経なければならない。そこでロボットを導入し、その精密な仕事を代行させながら、改良に改良を加え、アイデアにアイデアを重ねて、遂には全く新しいロボットを発明、特許申請し、逆にロボットメーカーをも兼ねてしまったのである。

このようにユーザーが改良を重ねて、メーカーに転ずるということは、わが国ではしばしば起こることだが、アメリカやヨーロッパでは、ひとつの製品はたちまち寡占《かせん》状態となり、こういうことは決して起こり得ない。これは彼我の現場労働者の感覚の相違にも、深く関係することである。

長谷川慶太郎は、わが国の経済効率の高さを、現場労働者の優れた感覚と「赤提灯《あかちょうちん》」に帰している。彼等は仕事を終えてもまっすぐ家には帰らない。必ず仲間や同僚とどこかの「赤提灯」に立ち寄る。そこでまず一杯飲みながら、ひとしきり上役を腐《くさ》す。そしてやがて話は現場のこと、仕事のことに落ちて行く。

その中で彼等は仕事の手順、プロセスの改革、合理化、現場の機械の改良、新案などを話し合い、語り合うのである。これらの成果はやがて現場に生かされ、期せずしてQ

Ｃ（品質管理）、経済効率を一層高めて行くのである。

わが国の経済効率の高さの秘密は「赤提灯」にある、と喝破したのは長谷川慶太郎の慧眼《けいがん》である。

最近「赤提灯」も高くなり、昔は課長クラスが支払いを一手に引き受けていたものだが、この頃は上役が二〜五割を引き受け、残りは「ワリカン」というようになったらしい。関西の売れっ子桂三枝《かつらさんし》は、仲間や同輩と飲みに行くと、支払いの半分は自分が持ち、残りは「ワリカン」にしているということだ。金の使い方も少しずつ変わってきているようだが、こうした「赤提灯」の風習は決してなくならないだろう。日本的風習には違いないが、諸外国では決して起こり得ないことである。

それでは、長谷川慶太郎が説くところの、「管理職は部下を可愛がる」という、日本社会の潤滑油ともいうべき体質は、一体いつ頃から、どういう理由で培《つちか》われたものなのか、その歴史的背景を考察してみよう。

「百姓一揆」は管理職の責任

私見によれば、こうした「部下を可愛がる」精神傾向が歴史に登場してくるのは、文献的には『平家物語』『源平盛衰記』の頃、すなわち武家階級の台頭に始まるのではないかと思われる。

『今昔《こんじゃく》物語集』などによれば、上代貴族は結構下級官僚を苛めていた、と思われるようなエピソードが沢山出てくる。『今昔物語集』はもともと「お説教集」なので、これをもって当時の全てを覆うわけにはいかないが、例えば更《さら》に以前の「木簡《もっかん》」(木片に墨書した記録)などにも、下層階級の不平、不満、要求などがかなりの程度窺《うかが》えるのである。

さしずめ現代の企業社会ならば、管理職が「無能」の烙印《らくいん》を押されても仕方のないところである。それほど戦後の組合運動は、中堅層、管理職を徹底的に鍛え上げ、部下の不平、不満は事前に摘《つ》み取り、要求には先手を打つように要請されているのである。従って、一朝事があると、それは全て「管理職が悪い」ということになってしまう。

同様のことは近世の百姓一揆《いっき》にも言える。百姓一揆が起こったということは、すなわち一揆を起こさせた藩主、家老、代官が悪いのだという発想は、すでに江戸時代には完全に定着していた。

従って、羽仁五郎(歴史学者)の「明治維新の革命の原動力は、近世の百姓一揆にあった」という説は、嘘に過ぎないのである。

近世の百姓一揆は事故に過ぎない。現代の交通事故と大差はない。どんなに車の性能が良くても、またどんなに優秀なドライバーでも、何件かの事故というものは必ず起こる。治政上においても、いくら腐心《ふしん》してみたところで、幾つかの事故というものは必ず起こる。近世の百姓一揆も、このような性格のものに過ぎなかったのである。

しかし、自動車の事故であれば、その原因を究明し、故障箇所を修理しなければならないように、百姓一揆においても、治政上の原因究明、事後対策は当然必要である。そしてでき得る限り、そうした事故を少なくして行くことが人間の叡智《えいち》というものであり、そうしたプロセスに学ぶということが、すなわち「歴史に学ぶ」ということに他ならない。

事故を過大評価し、そこに政治的意味を付与する姿勢からは、真の人間的叡智は生まれてこない。現代の企業社会の中に、かっての「八幡《やはた》製鉄大争議」における「煙突男」などの、一揆的大争議が起こり得ないのは、管理職の眼が隅々まで行き届いているからである。そしてそれこそ「歴史に学んだ」からに他ならないだろう。

武家社会の国家管理体系

ところが、わが上代貴族は、歴史の浅さも手伝ってか、こうした修錬が充分とはいえなかった為、下級官僚の不満、要求を充分に汲み上げることができなかった。大体上下の間に「木簡」などという遣《や》り取りの媒介があったこと自体、意志の疎《そ》通《つう》を欠いていたと言えるだろう。上意下達はあっても、下意上達はほとんど行われず、唯一の「木簡」もしばしば握り潰《つぶ》され、上下の間の潤滑油ともいうべきものは、まだ未発達であったのである。

芥川龍之介の『芋粥《いもがゆ》』などにも描かれているように、どうも当時は、上級貴族が下級官僚を苛めるのが常態となっていたようだ。『今昔物語集』などから浮かび上がってくる上代貴族の心象《しんしょう》も、下級の者を苛めるのは当然であり、それが「悪」とか「罪」とかいう意識の発想は全くなく、「罷免《ひめん》」「左遷」などの人事権を振りかざしていたようだ。

こうした発想が逆転し、下位の者は可愛がるもの、下位の者の不満はすなわち上位の者の不徳、という意識革命が起こるのは、武家社会の勃興《ぼっこう》からである。

「一所懸命」という言葉があるが、これは「一所」すなわち土地に命を懸けて、かりに自らは死しても、子々孫々には土地を残し、家名の存続を図るという、武家階級の覚悟のほどを示す言葉に他ならない。従って武家社会というものは、平素から家臣、すなわち家子《いえのこ》、郎等《ろうどう》を心服させ、一朝事ある時には、主君の前で身をもって、矢を受け止めるぐらいの覚悟を持つ家臣団を、常々養成しておかなければ成り立たない社会なのである。その為にも、政治力、経済力の全てを挙げて家臣、部下を可愛がるという、新しい局面を迎えた社会でもあったのである。そのような時代情況を反映して、『平家物語』『太平記』等のいずれをとっても、部下苛めをするようなエピソードは何もない。せいぜい梶原景時《かじわらかげとき》が、義経を讒言《ざんげん》するくらいだが、これは政治的かけひきなので、異質といえば異質に過ぎない。

事程左様に、部下は主君の為に命を捨て、主君は部下を可愛がり、部下亡き後はその子、子がなければ養子を迎えてでも、その土地と家名を存続させてやるという温情を示すのが、武家社会の国家管理体系だったのである。

「調停」は源氏以来の国民思想

貴族に倣《なら》って滅亡を早めた平家を例外として、源義家以来の武家社会は、この「御恩」と「奉公」に基礎を置いているのである。

従って、武家の頭領として、初めて磐石《ばんじゃく》の地位を築いた源頼朝《よりとも》が、まず何よりも腐心したのは裁判の公平ということである。すでにこの頃から、裁判というものは、白州《しらす》でトコトン決着を付けるものではないというコンセンサスが、できあがっていた。

それを「貞永式目《じょうえいしきもく》」（御成敗式目、一二三二年）に明文化したのが北条泰時《ほうじょうやすとき》である、と山本七平（評論家）は喝破している。卓見であるが、もう少し付け加えると、この「式目」は泰時の独創というよりも、当時すでに成熟期を迎えつつあった武家社会の中で、確立されていた武家階級の倫理、裁判における慣習法というものを集大成し、明文化したまでのことである、ということである。

といって泰時の功績を貶《けな》すわけではない。ただ、源氏の勃興期以来、「部下は可愛がるもの」という論理上、係争、争い事において、トコトン法律的な決着は付けないという習慣があったということである。

頼朝はもともと直属の軍事力もなく、近衛兵などというものも持たない、豪族の寄合所帯の上に君臨した君主である。ということは、武力をもって権力を行使しないということを、自他ともに認めていたということである。

諸外国の封建社会においては、到底考えられないことである。例えばドイツの封建時代に例をとっても、彼等ドイツの封建諸侯は、徹頭徹尾軍事力を基盤とする君公なのである。在郷軍団、騎士団と、幾重にも軍事力をめぐらして成り立っていた社会なのである。

頼朝は北条を筆頭に三浦、比企《ひき》、畠山等々の豪族の上に、象徴として君臨しており、諸豪族の軍事力を動員する「政治力」だけを有しているに過ぎなかったのである。従って頼朝の政治力の基礎は、無限に起こる豪族間の係争の、調停能力にあったわけである。

元来、日本の政治の根本理念は「調停」にある。明治以降の近代裁判においても、刑事裁判は別として、民事裁判においては、有能な弁護士ほど法廷には立たない。審理のたびに法廷で弁ずる弁護士は二流とされている。有能な弁護士ほど裁判にまでは持って行かず、それ以前に両者の折れ合える地点を見出し、利害を説得し、条件を提示して「和解」させるのである。トコトン論理を追いつめ、黒白《こくびやく》を付けて、一方の立場をなくするということはしない。

「名将に赫々《かつかく》の武勲なし」という名言があるが、名将は決して「天下分け目の軍《いくさ》」には持って行かない。そこまで事態を追い込むということは、政治力と外交力に欠けていることを意味するのである。紛争の根を事前に断ち、風波を鎮《しず》め、生涯、軍《いくさ》をせず、常に四囲には政治力、すなわち「睨《にら》み」をきかす、というのが名将の条件なのである。

こうした「物事をトコトン突きつめない」「論理をもって是非の決着を付けない」という発想は、源氏の勃興期、義家以来のわが国民思想なのである。テレビドラマの、お白州で決着を付けるなどということは、異例中の異例なのである。両者がどこかで、納得ずくで引き分けるというのが「名調停」、「名裁判」なのである。

こうした思想はやがて、「争い事を起こすこと自体がすなわち悪である」という発想を生む。従って、近世期を貫く社会理念は、「係争」「事件」そのものが悪であり、「円満」「平和」こそが善であるという論理になって行くのである。

「御恩」と「奉公」の双務関係

この発想の淵源《えんげん》は、武家勃興期の「部下を可愛がる」という姿勢の中にある。主従の間に「御恩」と「奉公」という、暗黙の双務関係があり、しかもその「恩」は末端にまで及び、時には階層を飛び越え、主君が足軽、軽輩にまで声をかけ、可愛がるという関係の中で、「一心同体」観をつくりあげて行ったのである。

従ってわが国では、専制君主が絶大なる権力を行使し、家臣は戦々兢々《きょうきょう》として生活の不安、生命の危険にさらされていたという図柄はない。織田信長のみが例外で、彼は

〝日本人〟ではないのである。また、諸外国におけるような「傭兵《ようへい》」的発想もない。

サマセット・モームの『昔も今も』に出てくる「傭兵」と、「御恩」と「奉公」という信頼関係に立脚したわが国の兵とは、根本的に異質な存在なのである。「金《かね》」で雇われた諸外国の「傭兵」は、戦勝の暁《あかつき》には略奪をほしいままにし、戦利、戦果を分捕《ぶんど》り合うのが常である。

中国においても、落城、都市の陥落に際して、三〜五日という日限の下に、戦勝側兵士が暴行、収奪の限りを尽くしてもいいという数日が設けられていた。それが戦勝の「味」というものであり、それでなければ兵士はおさまらなかったのである。

ところが、「君主」と「傭兵」という関係にない日本の武家軍団では、敵軍が落城しても、そうした暴行、略奪は決して行われなかった。

それは、「御恩」と「奉公」という絆《きずな》で結ばれた武家軍団が、役割と配置こそ異なれ、同じ目的を遂行するという「一心同体」観と、敵とはいえ同胞から、根こそぎ収奪することを、潔《いさぎよ》しとしない国民意識があったからに他ならない。

従ってわが国では、都市戦争というものはほとんど起こった例《ためし》がない。明治維新の際の戊辰《ぼしん》戦争が唯一の例外である。しかしそれとても、諸外国の都市戦争のような、数日間にわたる略奪が行われたということは全くない。

いつの時代でもわが国の国内戦争は、決着の付いた段階で、速《すみ》やかに関係の修復に入り、後々まで怨念《おんねん》を残さないというのが鉄則であった。明治維新の時、会津が薩摩の裏切りに遭い、百年の恨みを残したということになっているが、これとて所詮《しょせん》は二藩の反目であり、戦後のドイツ、朝鮮半島のような、国を二分し、同胞が対立し合うというような、国家的な規模での憎悪、反目には、決して至らないのである。

わずか数時間干戈《かんか》を交え、勝敗の帰趨が決するや、略奪をほしいままにすることなく、速やかに関係の修復に入り、恨みを後々に残さないという形態は、武家階級の勃興をまって、初めて培われた日本の国民性である。

わが国民性は武家社会で作られた

私の敬服してやまない内藤湖南《こなん》（東洋史学者）は、日本の歴史、少なくとも現代に脈々と流れている国民精神史を知るには、何も古代史まで遡《さかのぼ》る必要はない、応仁の乱（一四六七〜七七年）以後の歴史に精通すれば事足りる、それ以前の歴史は外国の歴史と思ってさしつかえない、と言明している。

湖南の説には説得力もあり、私も大筋において賛成ではあるが、いかんせん六十年前の説でもあり、その後の歴史研究の成果をも加味して、不遜《ふそん》ながら私は、湖南の説を若干修正しなければならないと思っている。

私見によれば、現代のわれわれ日本人の心の底に脈々と流れている感受性、メンタリティが形作られたのは、応仁の乱以後というよりも、武家階級の勃興に源《みなもと》を発すると考えている。源義家以来、古代貴族に代わって京都を制圧し、関東と京都を両睨みできる鎌倉に幕府を開くに至る、武家社会の流れの中で、わが国民性は培われたものと考えられる。その培われた精神の最後の集大成こそ、北条泰時の「貞永式目」であろう。

従って、源義家から北条泰時に至る武家社会確立の過程の中で、今日を貫くわが国民性は形作られたのであり、その国民性こそ、戦後の高度経済成長という奇蹟を遂行し得た原動力でもある。

貴族から武家への政権の移行の最たる原因は、貴族階級が当時の生産者階級（農民）と直接密着しておらず、中間に武士団という媒介を置き、上下の間に隔絶があったことである。その轍《てつ》を教訓として武家階級は、直接農民と密着し、武家社会の理念である「相互信頼」を、ヒエラルキーの末端まで行き渡らせ、政権の永続を図ったのである。

同時に、自らも簒奪者《さんだつ》であるが故に、再び政権の簒奪されることを恐れ、安全弁としてオーソリティ、すなわち政権の正統性は天皇に置き、実権は握ったまま、京都を永遠に支配することなく、関東に下《くだ》るのである。

連綿として今日に続いている天皇家、天皇制というものを考えてみると、わが国民性というものが実に見事に象徴されている。孝謙《こうけん》女帝（在位七四九～七五八年）下の道鏡《どうきょう》を唯一の例外として、わが国においては、いかなる実力者といえども帝位を窺う者はいなかった。その道鏡すら、真実帝位を窺ったものかどうかは詳《つまび》らかではない。

天皇家の外戚《がいせき》として、「此の世をば吾が世とぞ思ふ望月の欠けたることのなしと思へば」と詠《よ》んだ、時の最高権力者、藤原道長ですら、帝位への野心は全く見られない。それどころか、自らは関白にすらなってはいない。天皇に次ぐ関白の位《くらい》を空位にしたまま、自らはその下位に甘んじているのである。

『御堂《みどう》関白記』という道長の日記が遺《のこ》されているが、これは江戸後期、道長の直系貴族、近衛《このえ》家凞《いえひろ》が、自家に伝わる藤原氏歴代関白の日記を整理して、藤原家磐石の礎《いしずえ》を築いた始祖道長に対する尊称として、『御堂関白』と名付けたに過ぎない。『いのちとかたち』（新潮社）で山本健吉は、ハッタリ評論家の常として、道長が同時代に関白と尊称されていた、などと思い切り良く断定したが、それは根拠のない〝知ったかぶり〟である。

このように、わが国の権力者は誰一人として、帝位、またはそれに代わる地位を望む者はいなかった。政治的正統性を天皇に置くことこそ、自らの権力を永続させる道であると、誰しもが深く認識していたからに他ならない。これは古代貴族、新興武家、豊臣秀吉、徳川家康、明治維新を通して今日に一貫する、わが国民の叡智でもある。

従って、内藤湖南の説をいささか訂正するならば、わが民族の精神的支柱の発端は、武家階級の勃興にあると改めたいと思うのである。しかもその要諦《ようてい》は、生産者階級との直結、心の触れ合いということと、当時の社会ヒエラルキーの中で、上司は徹底的に部下を可愛がり、人間的交流を末端にまで押し広げたということの二つである。以上が部下を可愛がる習慣の始まりであり、そうしなければ日本の平和と安全は保たれないという、今日を貫く根本常識の始まりである。


内之者にはおぢられたるがわろく候。いかにも涙を流し、いとほしまれたるが本にて候由、昔より申し伝え候。

朝倉教景『朝倉宗滴話記』

3　武士は政治的責任感を持っていた

日本の近代は信長から始まった

日本史では、上代（古代）、平安朝、中世、近世、近代という時代区分が定説となっている。中世と近代というのは世界史共通であるが、その中間に「近世」という時代を挿入しなければならないところに、わが国の歴史の特殊性がある。

「近世」という言葉が一般化したのは明治期の後半である。当時、東京大学の国文学の教授であった藤岡作太郎が、『近代小説史』という著書を著《あらわ》しているが、これは江戸時代の小説の歴史を説いたものである。明治期においては、江戸時代は「つい昨日のこと」、すなわち近代に他ならなかったのである。

ところが明治の終わり頃になって、産業革命以後を「近代」と呼ぶ社会常識が定着するに及んで、「近世」という時代区分ができあがったのである。

世界史における中世の概念を敷衍《ふえん》すれば、わが国の中世は織豊《しょくほう》政権をもって終わりを告げる。具体的には、織田信長の関所撤廃、楽市《らくいち》・楽座《らくざ》をもって中世は終焉《しゅうえん》、新しい時代に入るのである。

「関所撤廃」「楽市・楽座」は、まさに新時代を象徴する政治改革であった。当時の関所は一国の中にも数ヵ所あり、幾国かを経て物品を運ぶには、多大の通行税を必要としたのである。それを撤廃し、無税の商品流通を可能にし、市場を全国に広げ、楽市・楽座をもって自由商業、自由交易を奨励したことは、以後の産業を大きく飛躍させることとなった。

この新時代から明治維新までを、中世でもなければ近代とも呼べない、少なくとも世界史の範疇《はんちゅう》には翻訳できない、「近世」と称しているのである。

確かにこの時代を「中世」の範疇に入れることはできない。等しく封建制度下とはいえ、わが国の中世封建社会とは質を異にしているし、世界史的概念の「中世」からもはみだす。世界史における中世封建時代とは、絶大な権力を有する封建諸侯が割拠し、国家的統一が形成されていなかった時代を指すのである。

わが国の「近世」と呼ばれる時代は、確かに封建制社会であり、群雄も割拠していたが、統一政権が樹立されており、国家統一ができあがっていたのである。

しからば「近代」かといえば、産業革命の有無に固執する限り、それは産業革命を経過していない時代であり、「近代」とは呼べないのである。

しかし私は、産業革命の有無にかかわらず、政治の根本理念、社会構造、国民意識のあり方を中心に考えれば、織田信長の後期から、日本精神史としては紛《まぎ》れもなく「近代」が始まっていた、と考えたい。

歴史を白紙に戻した「応仁の乱」

内藤湖南は、「応仁の乱」をもって、精神史としての「日本歴史」の始まりとしている。確かに応仁の大乱は、日本中の身代を根底から覆《くつがえ》した。人的にも、物的にも、それまで水面下に沈んでいたものが一挙に浮上し、水面上にあったものはことごとく没してしまった。

伝統、由緒、名家、名望がことごとく失墜し、実力あるものがとって代わったのが「応仁の乱」であり、以後の日本国家の背骨をなした階層こそ、「戦国大名」に他ならない。

川柳《せんりゅう》に『大名の先祖は野に伏し山に伏し』というのがあるが、島津、佐竹両家その他を例外として、その先祖のほとんどは「野伏せり」であり、「山賊」であったといわれるように、戦国大名の氏《うじ》・素姓《すじょう》は全く明らかでない。

大名の家系・系図が作られたのは、江戸時代になってからのことである。林大学頭《だいがくのかみ》が、ある日江戸城の廊下で池田新太郎（光政）少将とすれちがい、系図を作る必要上、池田侯に由緒、来歴を問うたところ、カンラカンラと笑って、適当に作っておいてくれ、と答えたという話も伝わっているぐらいである。

事程左様に、応仁の乱というのは徹底した「下剋上《げこくじょう》」の時代であり、あらゆる文化財が焼失、散佚《さんいつ》してしまった時代なのである。当時の国会図書館ともいうべき二条家、九条家などの書物蔵も、ことごとく兵火に焼かれてしまった。

太平洋戦時中、時の総理・近衛文麿《ふみまろ》に、近衛家に伝わる古文書について問うたところ、「それは先日の火事で焼失してしまいました」と答えられ、質問者を驚かせたということであるが、先日とは実は応仁の乱のことであったという逸話が残っているほど、応仁の大乱の兵火は古文書、文献、伝承の多くを灰燼《かいじん》に帰し、伝統を無にし、歴史を白紙に戻してしまったのである。

そして、再び国民意識の形成が行われ、それを整理、一応の結着を付けたのが信長であり、秀吉である。そして更にそれを継承し、発展させたのが徳川家康である。

家訓を国家統合の理念にした家康

家康の恐るべき知恵は、「権ある者は禄《ろく》少なく、禄ある者は権少なく」という、国家統合のイデー（理念）にある。これは、三河の片田舎の庄屋的存在に過ぎなかった徳川家の家訓を、そのまま天下に敷衍《ふえん》したものである。

徳川幕府の政治形態は、最高位に将軍を置くが、これは、時に英邁《えいまい》な将軍も輩出したが、所詮は「飾りもの」に過ぎない。そして老中による完全合議制の下に、政治を行ったのである。これがすなわち今日いうところの「内閣」に相当し、時々内閣総理大臣ともいうべき大老を置いたが、常置でないところは諸外国にも例を見ない。

老中の下には、政務次官ともいうべき若年寄を置き、更にその下に寺社、勘定、町奉行の官僚を置いたのである。お白州で腕をまくり、刺青《いれずみ》を剥《む》き出して裁判するのが、町奉行の職能のように誤解されているが、これはテレビの上でのこと、町奉行というのは今日の自治大臣兼警視総監のようなもので、社会の治安を維持するのが職能である。テレビの上では名判官である大岡越前守《えちぜんのかみ》忠相《ただすけ》は、生涯裁判などほとんど行っていない。しかも、その町奉行も南と北に截然《せつぜん》と分けられており、完全なる月番制が慣行されていたのである。すなわち一ヵ月交替の勤務体制であり、テレビで馴染《なじ》みの賄賂《わいろ》の習慣など、ありもしなかったし、できもしなかったのである。これこそ、イギリスの議会制民主主義精神の先取りではないか。

日本人は、ほど良く与・野党が政権を交替し合う、イギリスの議会政治に憧れを持っているようだが、イギリスの与・野党の形態と、日本のそれとは根本的に異質なのである。

イギリスの議会政治の底流には、発足当時から与・野党というよりは、二つの与党という伝統が、脈々と流れているのである。現代の日本の議会政治でいえば、自民党が二つに分かれて、例えば田中派と福田派が、交互に政権を担当し合うという関係に近いのである。

だから、イギリスの野党には青写真があり、シャドウ・キャビネット、つまり「影の内閣」というものが存在する。それを、与・野党という図式だけを当てはめて、あたかも自民党と社会党が、交互に政権を担当し合うことが、イギリス型議会制民主主義の根本であるかのような論陣を張り、国民を啓蒙《けいもう》したつもりになっているのが、朝日新聞に他ならない。イギリス史のイロハも知らない、と言っても過言ではない。

このように、同等の地位、立場の下に、同等の職務、責任を交互に担当し合うという、今日の議会制民主主義の根本理念に通ずる制度を樹立したのは、わが国においては、徳川時代の南北町奉行の月番制をもって嚆矢《こうし》とする。

もともと日本にあった民主主義

徳川政権の内閣を支える老中、若年寄には、徳川譜代《ふだい》の者以外はなれなかった。つまり、外様《とざま》大名は政務に携わることができなかったのである。家康は、三河以来、幼君家康を担《かつ》ぎ、天下を握るまで苦労をともにした譜代の者に、政権を与えることによって報いたのである。

そして家訓「権ある者は禄少なく」通り、彦根の井伊家二十五万石を唯一の例外として、譜代大名の禄高は、原則として十五万石以下に抑えた。井伊家の例外というのは、西国雄藩の謀叛《むほん》に備えてのことである。

西国雄藩が江戸に攻め上るには、大軍で鈴鹿峠を越えてこなければならない。しかし、それは不可能である。どうしても彦根城下を通過せざるを得ない。その際井伊家は、その大軍を引き止める先鋒《せんぽう》を果たさなければならない。その重責故《ゆえ》の二十五万石である。

井伊家は代々「赤備《あかぞなえ》」の家として、西国防備を担っていた。亡《ほろ》んだ武田家の精鋭軍団を家康が引き取り、それを井伊直政《なおまさ》に預け、一朝事ある時の備えとしたのである。「赤備」とは、井伊家の軍装束《いくさしょうぞく》が「赤」であったことによる。

一方、外様大名の禄高は、加賀百万石、島津八十万石、伊達《だて》六十二万石というように、譜代に較べれば破格ではあったが、政治には参画《さんかく》できなかった。「知恵伊豆」と称され、徳川幕府の重鎮であった松平伊豆守《いずのかみ》ですら、川越の六万石に過ぎなかったのである。

このようにして、中央政治は譜代の有能者の間で行われ、切磋琢磨《せっさたくま》、自然淘汰《とうた》を重ねた末に、ある者は京都所司代、ある者は大坂城代、またある者は三奉行にと抜擢《ばってき》され、その実力を見極めた上で、適切な人事配置を行った。

しかも実力者ばかりで内閣を造ることなく、譜代名家の君主も老中職に名を連ね、均衡を保ちつつ、政権の交替をスムーズに行っていた。

こうした政治感覚は、まさに近代のものであり、その根本理念は、今日いうところの議会制民主主義と、少しも変わらない。

従って、現代の日本の社会を支えている民主主義というのは、何もマッカーサーが「十二歳の国民」に押し付けたものではない。もともとあった素材に、アメリカ型の鋳《い》型《がた》をはめ込んだに過ぎないのである。

農地改革にしたところで、すでに昭和十年代に、和田博雄《ひろお》を中心とする農林省の青写真はできあがっており、着々と進行していたところへ、マッカーサーの一言が加わり、何の抵抗もなく事が運んだというに過ぎないのだ。

このように、常に日本の社会には、一大変革、一大躍進が行われる場合、下から支えているものが必ずあったのである。

大暴君・水戸黄門の謎

テレビで常に高視聴率を稼ぐお化け番組に、『水戸黄門』というのがある。しかし、光圀《みつくに》は生涯に一度として、諸国を漫遊したことなどない。大体、徳川時代の大名というのは参勤交代以外は江戸藩邸に一年、国元に一年というのが決まりで、それ以外に自由に歩きまわることなどできなかったのである。

黄門の諸国漫遊というフィクションができあがったのは、幕末、ほとんど天保《てんぽう》の頃で、弥次郎兵衛、喜多八の『東海道中膝栗毛《ひざくりげ》』に象徴されるような、ある程度自由に日本国内を歩きまわれる時代がきて、初めて講釈師の弾《は》り扇《おうぎ》の先から叩き出されたものなのである。

光圀は、現役中はずっと江戸に詰め、隠退後は水戸・西山荘《せいざんそう》に籠《こも》り、他国へなど一歩も足を踏み入れていない。それを、たとえ講釈師のフィクションとはいえ、「葵《あおい》の御紋章」を振りかざし、全国を行脚《あんぎゃ》して悪を成敗《せいばい》したという着想は、一体どこから出てくるのか。なぜ光圀だけが「天下の副将軍」として、国民的人気を博するのか。

父頼房《よりふさ》は、長子をさておいて次子光圀に水戸家を継がせたが、これが生涯光圀には負《お》い目となったようである。そこで隠退後は自分の子にではなく、長兄の子に水戸家を継がせるという「人倫の道」を示した。このことが人情に脆《もろ》い日本人を泣かせ、国民的英雄に祭り上げる、機縁をなしたのではないかと思われる。

しかし、大石慎三郎（歴史学者）の調査によると、ブラウン管にはしばしば登場するが、徳川時代というのは、比較的暗君、暴君の少なかった時代である。唯一の暴君を挙げるとすれば、それはむしろ徳川光圀がトップではないか、という話になる。

その理由は、多くの史官を抱えて編纂《へんさん》に着手した『大日本史』の厖大な費用の為、民・百姓を徹底的に搾《しぼ》り上げたという事実にある。徳川二百八十年間を通じても、搾取のきつさでは光圀の右に出る者はいない、と大石慎三郎は証言している。

それに、今ひとつは、家老藤井紋太夫（徳昭《のりあき》）を「手打ち」にしたという事実である。一国の藩主が家老を「手打ち」にするなどということは、異例中の異例に属することなのである。伝えられているところによれば、「能」好きの光圀が、演能の直前に、「鏡の間」において藤井紋太夫を、一刀の下に斬り捨てたということになっているが、真実は謎とされている。

藤井紋太夫にどのような不始末があったのか。それがなぜ「家老失脚」ではなく、「手打ち」でなければならなかったのか。一刀両断と伝えられているが、そんなことは不可能なことで、数人がかりで行われたのではないか。だとすれば、家老たる者、それぐらいの気配、動きを察知できなかったのか。「鏡の間」と伝えられているが、他の場所で、あるいは「殺し屋」集団の手にかかったのではないか。

疑問は果てしがないが、全ては「藪《やぶ》の中」である。むろん、水戸家の記録には、一言半句《いちごんはんく》も触れられていない。大石慎三郎の推測によれば、藤井紋太夫は、きつい搾取に喘《あえ》ぐ民・百姓の苦しみを見るに見かねて、他の家老たちとも謀《はか》り、光圀の強制隠退を画策したのではないか。そして、それを恨んで光圀が殺してしまったのではないか、と言っている。

私も、その方がより真実に近いのではないかと思う。古来日本には「相撃ち」「諫死《かんし》」という言葉があるように、藤井紋太夫は自らの死と、光圀の強制隠退を、あえて交換したのではないか。そうとでも解釈しなければ、疑問は氷解しないのである。

三百年の平安を保った人事システム

家康は三人の子を、譜代中の譜代「御三家《ごさんけ》」として、水戸、尾張、紀州に各々三十五万石、六十二万石、九十二万石をもって封《ほう》じた。水戸家の禄の少ないのは、後世になって副将軍職と俗称されるようになった「権ある」ことによる。副将軍と後に呼ばれたのは、江戸に常住して、将軍家に万一のことがあった場合、直ちに登城し、新将軍が決定するまでの間の措置を取り行う為であり、従って、水戸藩主は、藩主である限り江戸・

小石川の藩邸に留まり、在国もしなければ、参勤交代もなかったのである。

将軍家に一朝事があった場合、誰かが暫定的に政務を執《と》らなければならない。それを御三家の中から選ぶとすれば、いちばん近い水戸家が選ばれるのは当然であるが、その「権」故に、禄高を他二家の半分に抑えるという政治的配慮は、さすが実力をもって天下を制圧した者の発想として卓越している。

徳川政権が三百年近くも継続し得たのは、こうした政治力と経済力の分散という、合理的、政治的配慮によるもので、偶然とは言えないのである。

なかんずく、長子相続制の定着に努力したことは、見事な政治感覚の現れであろう。これは、見方を変えれば、戦国・乱世の終焉宣言とも受け取れる。

信長が明智光秀《あけちみつひで》の謀叛に斃《たお》れたように、元亀《げんき》・天正《てんしょう》の戦国・乱世においては、常に下が上にとって代われる不安定な時代であった。従って、有能な者、実力のある者が家《か》督《とく》を継ぐのは当然であったし、それでなければ家名というものは残せなかったのである。

長子、末子にかかわらず、正妻の子、後妻の子、妾腹《しょうふく》の子にかかわらず、有能な子が正嫡《せいちゃく》の座につくという、完全なる実力主義社会であった。

今日、「実力主義」という言葉はいささか人口に膾炙《かいしゃ》し、例えばアメリカの実力主義社会などという具合に、憧憬《しょうけい》の対象にすらなっているようであるが、わが国の歴史に即して考えれば、それは戦国・乱世を恋い、憧れることだと言わなければならない。

そして、実力主義社会とは、実力を行使しなければ治《おさ》まらない社会ということであり、それは根本的に不安定な社会ということでもある。

人間というものは全て、「自分は実力がある」と思っている。そして、「その実力に見合うだけの社会的待遇を受けていない」と思っている存在である。相撲《すもう》の社会でいう、「家賃が高い」と思っているのは、極めて少数に過ぎない。口先では「力不足」を強調しても、心の底では、真実そうは考えていないのである。

人間がこのような存在である限り、「実力主義」とは危険な思想である。地位ある者は自らの実力を強調し、地位なき者は不当、虐待の被害感を申し立て、社会には不平、不満が充満して、「実力」を大義名分とした争いは、止まるところを知らない。

碁、将棋、スポーツの世界などは別として、政治、経済の世界における「実力主義」というものは、決して人間集団の安定にもつながらなければ、活力の源泉ともなり得ない。それは日本の戦国・乱世の歴史が証明していることである。

もちろん、人間にはそれ相応の地位に応じた才能、実力というものは要請されるが、人間集団にとって最も必要なものは、集団全体の「やる気」すなわち活力である。自由競争、実力主義一点張りでは、例えば今日でいえば、昨日までの平社員が今日は重役というのでは、集団全体の「やる気」は、著《いちじる》しく減退してしまう。それればかりではない。周囲の反発を買い、本人も実力を発揮しきれず、結局抜擢《ばってき》人事は、裏目に出てしまうことにもなりかねない。

こうした実力主義の弊害を認識し、人事は緩《ゆる》やかに、段階的に、相互の話合いと納得の内に行えば、集団の活力を損うことなく、一人ひとりの才能が充分に発揮できると悟ったのが、徳川時代である。そして、そうした政治のシステム、人事体系の上に、二百八十年の平安を保ったのである。

長子に相続させた吉宗の英断

徳川時代というのは、島原の乱（一六三七年、天草四郎時貞の乱）を唯一の例外として、戦争、内乱のない極めて安定した時代だった。由比正雪《ゆいしょうせつ》の「慶安の変」などは、反乱の内にも入らない軽微な出来事に過ぎなかった。

すなわち、社会秩序の安寧《あんねい》を保つ上に、武力を必要としなかった時代と言える。これこそは、長子相続制度の確立がもたらしたところの根本のものであった。

家康は「長子相続」という、衆目の異存、誤解のない根本原則を樹立した上で、更に政治に関しては、緩やかな抜擢人事を共存させたのである。

これは講談ダネに近いが、二代将軍秀忠には暗愚な長子家光と、賢明な次子忠長《ただなが》がおり、衆目の一致するところ、「三代将軍は忠長」とする風評が高まり、憂えた春日局《かすがのつぼね》が駿府《すんぷ》の大御所・家康に直訴し、家康久々の江戸城登城となって、三代将軍には長子家光を据えたということになっている。

少なくともその一件が肯定的に伝えられているように、徳川政権が自ら樹立した「長子相続制」を、自ら遵守《じゅんしゅ》する姿勢を天下に示したことは、非常に鮮明な事実である。

徳川武家社会において、長子相続制の欠陥を補ったのは家老である。その家老職も、世襲制の代々家老と、一代限りの抜擢家老が並存して、長子君主をバック・アップしたのである。

八代将軍吉宗《よしむね》の長子家重《いえしげ》は、暗愚を通り越して言語障害者に近い人物であった。ところが次子田安宗武《たやすむねたけ》は、後に学者となったほど英邁な人物であった。周囲の誰しもが、徳川将軍家の恥にならぬように、次子田安宗武の九代将軍を望む中で、吉宗は断固として、暗愚の長子家重を九代将軍に据える。

そして、次子田安宗武を御三家に次ぐ「御三卿《ごさんきょう》」（田安、一橋《ひとつばし》、清水《しみず》の三家）のうちに遇し、将軍家に一朝事のある場合に備えた。

天下に範たるべき将軍家が、いかなる事由からにせよ、次子に将軍家を継がせたとあっては、諸国大名に「示し」がつかないばかりか、「お家騒動」すら誘引しかねないとの、吉宗の英邁な判断によるものである。

人間の賢愚は所詮主観のもの、常に「賢」にばかりついていては、社会秩序は保たれない。将軍家が次子相続を行えば、それはすなわち諸国大名に及び、社会の安寧を乱す元となる。たとえ暗愚の君主であっても、有能なシンク・タンクを活用すれば、社会は円滑に運行するという吉宗の英断が、九代将軍家重の誕生となったのである。

世襲制と実力主義をミックス

こうした長子相続制という根本原則を、将軍家が自ら率先して遵守するという姿勢が、徳川二百八十年間を通じて、諸国大名、武家階級に、継嗣《けいし》騒動が極めて少なかった主因である。極く稀《まれ》に、突発的な継嗣騒動が起き、それが実録物として今日に伝えられているが、記録に価するほど、数の上においては少なかったということであろう。
それはまた、君主の独断と横暴を許さぬ政治のシステムが、確立していたということにも関係がある。例えば「赤穂《あこう》浪士」で有名な浅野家には、代々家老として大石内蔵《くら》助《すけ》、その経済的手腕を買われ、抜擢された一代家老として大野九郎兵衛が、一方は長子相続制の代表、もう一方は実力主義の代表としてうまく組み合わされ、両立しながら君主をバック・アップし、セーブしていたのである。

主君の刃傷《にんじょう》沙汰《ざた》による浅野家断絶に際し、大野九郎兵衛は、逐電《ちくてん》した不忠の者という汚名《おめい》を着ているが、これは当然のことで、どだい、実力をもって抜擢された一代家老を、長子世襲による代々家老の忠誠心と、同列に扱う方が無理なのである。

徳川時代を通じて暴君が極めて少なかった原因は、長子相続制度（あるいは養子制度）によって、なるべき者が君主になるという原則と、その君主を家老以下の閣僚が常時眼を光らせ、監視、監督していた体制による。

君主の権威はむろん認めるが、その独断、暴虐は許さないという制度を、十重《とえ》、二十重《はたえ》にめぐらし、実権は家老以下の閣僚が握り、その閣僚も、世襲制と実力主義を上手にミックスしていたのである。

このように、単なる門閥《もんばつ》主義、実力主義に偏しない政治制度を案出し、もって人心と社会の平安を保つという、徳川武家社会の政治感覚、人間関係への洞察力、そしてそれを制度化した知恵というものを考えると、これはすでに近代人の感覚であり、近代民主主義の定着と言えるのではないか。

「抜刀は罪悪」が武士の倫理

「士農工商」の身分差別をもって、徳川時代を封建的、前近代的社会であるとする常識に、私は同意できない。この常識は、「士」は「農」「工」「商」を無差別に搾取し、無為徒食《むいとしょく》と「無礼打ち」に明け暮れていたという、誤った史観に裏打ちされている。

「士農工商」には、もちろん階級的差異もあるが、社会的役割の相違というニュアンスが強いのである。「農」は直接生産者階級であり、「国の元」である。米を年貢として「士」に上納し、「士」は「農」を守り、国家の保全を尽くすべく任務を担う。従って「士」と「農」は、緊密な連携の下に国の政治的基盤、経済的基盤を分担し合っていたのである。

そして「工」「商」は、日常生活の「便利屋」であり、身分的には下位に置き、国家的な役割分担からもはずす代わりに、職業的自由を認め、税金も取り立てなかった。従って、今日の国民皆税国家の制度を敷衍して、当時の「士農工商」制度を云々してみても、無駄に等しい。

「士」「農」に国家を支える独自の倫理があれば、「工」「商」にも自由な職業人としての、独自な倫理があったのである。

武士の帯刀は倫理の象徴であり、ステータス・シンボル（身分の象徴）に過ぎず、武器という要素はほとんどなかった。従って、「竹光《たけみつ》」でも通用したわけである。武士が抜刀して斬り合うなどということは、よほどのことがない限りあり得なかったことである。「鯉口《こいぐち》は切ってはならない」というのが、当時の武士の掟《おきて》であり、倫理であった。

従って、町人が武士に水をかけて無礼打ちにあったとか、武士がすれちがえばすぐさまチャンバラになるとかいうのは、大正時代の大衆小説が作り上げた武士像に過ぎない。実際に刀を振りかざしていたのは、海道筋、上州《じようしゆう》筋のヤクザだけである。

大石慎三郎の指摘によれば、江戸城内における刃傷事件は、浅野内匠頭《たくみのかみ》が吉良《きら》上野介《こうずけのすけ》に斬りつけた松の廊下の一件まで、幕初以来百年の間に、大老堀田正俊《まさとし》が、若年寄稲葉正休《まさやす》に刺殺された一件のみである。

堀田はこの時、遂に刀を抜かなかった。「変」を察知して駆けつけた人々に、堀田は自分の刀を指し示し、抜刀しなかったことを強調して、息絶えたと伝えられている。もし抜刀しておれば、それはすなわち私闘であり、武家の法度《はっと》によって「喧嘩両成敗」となってしまう。つまり堀田は、「刀を抜いてはならない」という武士の倫理を貫くことによって、「お家断絶」を免かれ、家と子孫を守ったわけである。

このように、徳川時代の武家の倫理というものは、帯刀はしても抜刀してはならない、抜刀自体「罪悪」であり、「負け」であるという合意の上に成立していたのである。それは、政権担当階級として国民を守り、秩序と平和を維持して行くという、政治的責任感に由来するものであった。

元禄《げんろく》の頃から、武士階級は経済的に次第に困窮化して行くが、「武士は食わねど高楊《よう》子《じ》」にも現れているように、民を守り、国を守るという気概、体面は貫き通して行ったのである。

手を出した方が負けだと下馬で言ひ
『誹風柳多留』

4　江戸が作った優れたシステム

「隠居」制度は日本の叡智

近世社会が生んだ知恵のひとつに、「隠居」の制度がある。初老で早々に若手に実権を渡し、自らは後見役として退《しりぞ》き、若手の育成を図るという、叡智《えいち》に溢れた制度である。「後生畏《こうせいおそ》るべし」のたとえを先取りして、若者の活力と老人の知恵及び経験とを生かし、社会が常に活力を失うことのないように、配慮したのがこの制度である。

徳川時代の家老、その他の高級官僚は、早ければ大体四十歳過ぎで隠居している。早々に実権を若手に委譲し、若手の責任と自立を促し、自らも隠居として睨みをきかす方が、政権の安泰につながると信じたからに他ならない。

三十歳代がいちばん働き盛りであり、アイデアに富み、気力、行動力が漲《みなぎ》っているのは、昔も今も変わらない。現在の日本の社会を、根本において支えているのも、やはり三十歳代の若手である。

ところが、戦後の社会は政、財界を挙げて、老人が「隠退」することを知らない、「老害社会」となりつつある。今日の長老たちは、源氏鶏太《けいた》（小説家）がいみじくも命名したように、戦後の「三等重役」に過ぎない。占領政策によって、日本の上部指導者層が一斉に公職から追放され、その空隙《くうげき》の中を、三段階も四段階も飛び越えて、一大抜擢の末に、指導層となった人々なのである。

しかし彼等は、その任の重さに耐え、試行錯誤をくり返しながらも、敗戦の処理をし、国民に活力を与え、戦後社会を見事に復興したのである。これこそ、実権の委譲によって責任感を促すことが、若手の育成と社会の活性化にいかに重要であるかの見事な証左《しょうさ》であろう。

しかるに、自ら体験してきたはずの現在の老熟世代は、なぜに隠退しないのか、一歩退いて、「知恵は出すが手は出さない」という姿勢がとれないのか、私は理解に苦しむ。

三等重役なるが故のエゴイズムとは思いたくない。反省してもらいたい所以《ゆえん》である。近世社会が生んだ「隠居」制度の見事な叡智を、今一度再考してみる必要があろう。

現代は全てが「出過ぎ」の時代で、老熟世代を上手に隠退させる方法のない時代である。従って、若年世代が充分に実力を発揮できない時代でもある。

隠居制度と並んで、近世社会が生んだもうひとつの制度に、「還暦《かんれき》」の制度がある。これは、なかなか隠居しない老人を、強制的に隠退させる制度である。隠居制度といっても、これはあくまでも社会慣習ということであり、慣習に逆らう者は常に存在するもので、そうした老人を強制的に「本卦《ほんけ》がえり」と称して、隠退させてしまうのが「還暦」の制度である。

六十歳になったら赤い頭巾《ずきん》とちゃんちゃんこを着せ、敬《うやま》いつつ隠退の花道を飾ってやるのである。社会的役割を担っていなかった当時の女性には、従って還暦というものはなかった。

こうした賢明な制度は、全て江戸時代に考案されている。これほど人間性に対する深い洞察力に満ちた制度を、戦後社会はなぜにその知恵を汲み上げ、再活用しようとしないのか、私は不思議で仕方がない。

今後予想される「老害現象」「高齢化社会」を目前にして、近世が生んだわが民族の知恵を再活用し、老熟世代の経験と叡智、若年世代のパワーとエネルギーを上手に組み合わせ、国家繁栄の本《もと》たる国民の「活力」と「責任感」を、今一度喚起すべきであろう。徳川政権が二百八十年間継続した根本原因は、武家階級の使命感と責任感にあったことはすでに述べた。従って面子《メンツ》にこだわり、タテマエを貫くという姿勢も、そこから出てくるのである。

こうした心情、精神的傾向は、姿、形を変えても、現代のわれわれに脈々と流れている。現代日本の中堅層が、表面上どんなに頼りなく見えようとも、徳川武家階級を貫いた使命感、責任感は充分保持している。それが「伝統」「国民性」というものの正体なのである。

事程左様に、近世の発想はそのまま近代に通じ、精神史的には、近世は近代そのものであり、日本の近代は近世から始まるとも言える。

武士の契約精神

司馬遼太郎によれば、江戸時代の武家は、談合の場には必ず二名で出掛けたと言う。

特に武家同士の話合いは、互いに二名ずつ、計四名で行われたという。これは、一人対一人の「密謀」を避けると同時に、二名ずつで話し合い、お互いに証人となり、文書を交わすことなく、約束事は武士の面子にかけて守るという意思表示である。

これが、お互いの人格と体面にかけて、「武士に二言はない」という、すなわち契約書を交わさない習慣の始まりである。この精神はそのまま現代のものであり、今日のわれわれの、いちいち契約書を交わさないという習慣、社会常識にも通じている。

渡部昇一は、アメリカは契約社会であると言う。全ての約束事に契約書が取り交わされ、それが履行されなかった場合、徹底的に法的係争が行われる社会であるという。従ってアメリカでは、有能な者、社会的上昇志向に長《た》けた者は、全て弁護士を目指す。アメリカで、人口に占める弁護士の比率の高い所以である。

しかしわが近世人は、重箱の隅を突っつくような係争は、社会的に大きなロスを招くということを、良く知っていた。従って契約書は交わさない、約束事は言葉において、態度において必ず守るという、今日の日本の社会組織を根本において支える常識に通ずるものが、すでにできあがっていたのである。

「面子と面子」「男と男」をかけた約束などと言えば、「古臭い」「前近代的」だと嗤《わら》う風潮があるが、それを嗤う戦後社会が、どれほどとげとげしい時代であるかは、言わずもがなである。

わが国の労使関係が、いつしか世界の注目を浴び、どこへ行っても、「あなたはいつ終身雇傭契約を結んだのか」と問われ、閉口するという笑話も起こっているそうだが、日本にそんな契約が存在するわけもない。

これは社会慣習であり、労使双方ともそんなことは要求もしないし、「労」側によほどの不埒《ふらち》がない限り、また「使」側に倒産などの憂き目がない限り、双方に「終身」という暗黙の合意があるに過ぎない。そして、このコンセンサスの始まりも、江戸近世からのものである。

「三行半」の嘘

戦後の社会科教育は、昔のことをことごとく歪曲して教えたもののようである。例えば「三行半《みくだりはん》」の一件を取り上げてみても、これは「男」が一方的に、我意のままに、有無を言わせぬ形で「女」に突きつける三行半《さんぎょうはん》の文章、すなわち「去状《さりじょう》」「離縁状」

のことで、「女」は何の抵抗もできず、「三行半」を手にし、泣く泣く婚家を後にする、という印象を与えている。しかし、これほど悪意に満ちた曲解もない。

「女性と靴下」が強くなったのは、戦後だけの現象ではない。有史以来、日本の女性は強かったのである。特に女性が労働力たり得た時代は強く、「弱い女性」は小説の中だけのこと、日本の歴史のどこを捜しても、そういう事実はない。

江戸時代とて例外ではない。「三行半」に象徴されるような、理不尽《りふじん》な離婚は、周囲の人間が許さなかった。当時の夫婦関係は、契約関係ではないだけに、余計社会倫理が要求され、媒酌人、親戚一同、それこそ「向う三軒両隣り」の人間集団が、納得ずくの上でなければ、離婚などできなかったのである。

それをあえて強行すれば、契約なき社会の倫理が有効に機能し、当人は社会的制裁を加えられ、「村八分」の末、村にも長屋にも居られないという結果を招いた。

「三行半」というのは、実は女性の人権を保証した証文なのである。離婚に際して、男性側が女性側に、「この女性は、以後他の男性と結婚しても、当方は一切異議を申し立てません」という、女性の身分と権利を保証した、声明書なのである。

フランスでは結婚に際し、女性側が自分の教区の教会に、ある一定期間を区切って、

「自分はAなる男性と結婚するが、もし異議があるならば、期間内に申し立てよ」と宣言し、貼紙《はりがみ》をするそうである。その間その女性は教区に留まり、異議を受け付けるが、期限後、すなわちAと結婚して後に異議を申し立てる者は、今度はフランスの社会が許さないという、実に面白い制度がある。

同様のことは、江戸近世社会でも行われていたわけで、「貼紙」はしないまでも、結婚というものは、自分たちを取り巻く人間集団の衆目の看視の下に行われたのである。そういう人間関係を無視して、ある日突然、「三行半」を突きつけて、女房を叩き出すなどということは、できもしなかったし、日本の社会が許すわけもなかった。

これは、自分の身辺、人間関係、夫婦関係を少し反省してみるだけで、自《おの》ずから明瞭なことであろう。社会常識を無視した行為が、通るわけがないのである。ところがわずか百数十年前には、女は「三行半」で叩き出され、武士は路傍でわけもなく民を「無礼打ち」し、「斬捨御免《きりすてごめん》」が横行したかのような、わが国民性、人間性を全く度外視した、悪意に満ちた社会科教育が、戦後行われたのである。

「参勤交代」の経済効果

それから、「参勤交代」の制度というものも、戦後の教育では、正しく把握されていないようである。徳川将軍家が政権の存続を図る為、大名諸侯の蓄財と軍備を未然に防ぎ、謀叛《むほん》を防止する為の、無駄と浪費の愚制であったと理解されているようだが、それは一面に過ぎない。

実際は、社会の需要を喚起し、経済の循環を図り、物品の流通を促す方法だったのである。当時の限定された生産力の中で、経済機構、流通機構を整備する唯一の手段であった。

そもそも徳川も三代将軍家光の頃には、諸大名の謀叛などということは、想像だにできないほど秩序と平和が保たれ、謀叛が何のプラスにもならないことは、当の諸大名が知悉《ちしつ》していたのである。

事実であったかどうかは別として、家光は将軍位に即《つ》くや全諸侯を江戸城へ集め、「わが祖父家康は諸侯の先代の力を借り、またわが父秀忠も後半生に入って将軍となった者であるが、余は生まれながらの将軍である。余に不満があるならば、即刻国元へ帰り軍備を整えよ」と、恫喝《どうかつ》したという話が伝えられているが、つまり、それほど世の安寧秩序は磐石《ばんじゃく》であったということである。

にもかかわらず、参勤交代が継続されたということは、その経済効果を無視できなかったということである。参勤交代による莫大な消費が需要を喚起し、工業、商業等の、産業の振興を促進したのである。そして、前述のピラミッドや東大寺の建立のような、雇傭の増大にもつながっていたのである。

こうした経済的な視点の欠如した史家は、恐らく歴史家の名に価しないだろう。政権を担当するということは、経済政策を担当するということでもあるのだ。

武家と終身雇傭制

武家は禄高に応じた一定の兵員を、常に抱えていなければならない。将軍家に事ある場合、その兵を率いて「御奉公」しなければならないからである。このタテマエは、平和国家となり、武力が必要でなくなってからも貫き通された。それは、家子《いえのこ》・郎等《ろうどう》を扶養するという、武家の倫理と責任であり、一方、雇傭不安と労働市場を安定させる為の、経済的配慮でもあった。

従って、戦時には軍兵用員として、平和時にはまたそれなりの使い道を考慮し、決して解雇して、他の労働市場へ追い払うようなことはしなかった。また解雇したところで、他の分野にはそれなりの生産能力がすでに備わっており、新規参入の余地はなかった。このように、社会全体の生産力と労働力を常に考慮、配分する能力と、「終身雇傭」の制度は、当時すでに行われていたのである。

当時の武家は、一人歩きはしなかった。必ず用人、下男、三助などの「供《とも》」、すなわち従者を連れて外出したのである。これは武家の女性も同様である。

武士が悠然と一人歩きしたり、武家の姫が一人で外出したりするのは、ブラウン管の中か、林不忘《ふぼう》（時代小説作家、『丹下左膳』が有名）以来の大衆小説の中だけである。

武士が一人歩きを恐れたからではない。終身雇傭制度下で、あり余る人員を、それなりに配分する窮余の一策である。「お供はツライね」と言うが、「供」される方も辛かったのである。

しかし、この複数の人間で外出するという習慣が、江戸の治安を著しく安定させたことも確かである。一人歩きすればこそ事件にも遭遇するのであって、複数の人間で歩いている分には、よほどのことがない限り、事件は起こりようがない。

享保《きょうほう》年間には、江戸の人口は百万を超し、世界一の人口都市となったが、その警察力は世界最低であった。つまり、それほど犯罪が少なかったということである。これは、「供」を連れた道歩きの習慣に負うところ大であろう。それに江戸の各町は、夜になると一斉に木戸を閉め、通行が不能となった。つまり、夜歩きはできなかったのである。鼠小僧が、屋根伝いに逃げまわったのも無理はない。

血の通った福祉のエッセンス

江戸の町は木戸で区切られ、各町は自治区を形成し、そして、その町内の末端の福祉を担っていたのが「大家さん」である。

戦前にも「方面委員」という、江戸時代の「大家さん」的存在の人がおり、町内の世話役を務め、生活困窮者には援助の手を差しのべ、相談に乗ったり、仕事を斡旋《あっせん》したりしていた。これらの人々には、ほとんど「手当て」というものがなく、比較的生活にゆとりのある「御隠居」さんなどが、その任に当たっていた。

更に明治から戦前の昭和にかけて、大都市には必ず「侠客《きょうかく》」といわれる人間群が存在し、労働組合なき時代の、社会福祉行政なき時代の、庶民の駆け込み訴え場所であり、末端の福祉相談所であった。

侠客は今日のヤクザとは異なり、行いは正しく、「強きをくじき弱きを助ける」のを誇りとした、民間人からなる団体で、唯一の庶民の味方であったのである。

司馬遼太郎に、大坂のキタに君臨していた明石屋《あかしや》万吉の侠客人生を描いた小説『俄《にわか》』がある。それには当時の侠客が、いかに社会の潤滑油として機能していたかが見事に描出されている。

戦後は組合ができ、国家が福祉行政を肩代わりし、金額的には飛躍的に増大したが、しかし、これは何も近代社会特有の産物でないことは、認識しておく必要がある。日本の社会は有史以来、福祉というものを忘れたことのない社会なのである。

逆に戦後、政府機関が全ての福祉行政を司《つかさど》るようになって、むしろ効率が悪く、血の通わないものとなってしまった。制度化された為にかえって無駄が多く、有効に機能していない。そこにこそ「第二臨調」（第二次臨時行政調査会、後に三公社の民営化につながった財政再建を目指した行政改革）の存在理由がある。

昔に較べれば、金額的規模は飛躍的に増大したが、これは生産力の増大と、富の増大を考えれば当然のことで、「福祉の充実」と、「行革」の叫ばれている今日こそ、近世以降の健全な福祉のあり方、血の通った福祉のあり方を、再度考えてみる必要があるのではなかろうか。

少なくとも、「大家さん」の温情、方面委員制度、侠客の精神といった、日本民族の福祉に対する知恵のエッセンスというものを、「制度のみあって精神なし」と言われている、今日の福祉行政に生かす為にも、その根本精神を再検討する必要はあろう。

武家と町家の政経分離

ところで前述の、戦後の社会科教育の問題に戻るが、どういうわけか「町人階級」というのは、武家と農民以外の全てと考えられているようだが、これはとんでもない誤りである。江戸の町中に居住しているからといって、裏長屋に居住する庶民を、決して「町人」とは呼ばなかった。

「町人」とは、少なくとも大通りに面して一戸を構える、自立した商人の呼称であり、それ相当の社会的格式を有する者のことである。「金」はあるが権力はなく、従って政治には参加できないが、経済の実権は握っていて、社会的責任を取り得るという一群の人間たちを、「町人」と呼んだのである。

しかし、経済の実権を握っているということは、今も昔も変わりなく、政治を動かすということであり、江戸近世社会の後半を実質的に動かしたのは、語の全《まつた》き意味で彼等「町人」階級であった。

大坂は「天下の台所」といわれ、特に堂島《どうじま》で米の値段が決まる時代が長く続く。堂島川の両岸には、西国雄藩の蔵屋敷がずらりと並び、物資の集散場所として栄え、各藩の物産は一度この蔵に収められ、大坂商人の手を経て全国に売り捌《さば》かれた。

正月の元旦には、まず蔵役人が町家へ年始に訪《おとな》い、町家がそれを返しに行くというしきたりであり、江戸中期以降は、「町人時代」が続くと言ってもいい。「政経分離」の思想は、何も戦後のものではなく、実に江戸近世の武家と町家の、この「持ちつ持たれつ」の関係の中に、すでに萌《きざ》していたのである。

三井の商家精神と組織作り

町人階級は、三井、鴻池《こうのいけ》等よほどの財閥でない限り、長子相続制を採用せず、実力のある者を取り立てた。船場《せんば》界隈《かいわい》の町家では、男児の出生より、むしろ見目《みめ》麗《うるわ》しい女児の誕生を願い、女児が生まれると「赤飯《あかめし》」を炊《た》いて祝った。できの悪い息子よりは、娘であれば有能な番頭、手代と妻合《めあ》わせ、更に繁栄を期することもできるわけである。

三井高利《たかとし》を始祖とする、大財閥三井家の場合は、高利が世襲に関して家訓を遺している。それによれば、長子が全てを相続するのでもなく、全ての子供が分散相続するのでもなく、「三井家」という「大元方《おおもとかた》」、つまり「三井銀行」的な運営機関を設け、そこに財産を全て集中し、個人的には誰も相続できないような組織を作り、その運営は「完全合議制」とした。

つまり、三井家のものであって、三井家のものでない「大元方」に財産を集中し、偏《かたよ》った独占や分散の愚を避け、より効率的な運営を考え出したわけである。元禄の世に、すでに「銀行」なる機能を考案し、財は分散すれば財を生まない、財を生むには適度の集中を必要とするという、経済原則の根本を、三井高利は見抜いていたのである。

そして、子供は全て独立、分家させ、その分家の有能な一番番頭が各々集まり、合議の末に「大元方」の運営に当たらせた。そして各分家の当主には、「君臨すれども統治せず」を固守させるという、いかにも日本的な知恵と体制を確立したのも、三井高利であった。

「タワケ」という言葉があるが、これは「田を分ける」馬鹿な奴という意味だとする俗説がある。どんなに田地を所有していようが、分散相続の末には、農家経営の効率が落ちるのは当然である。

商家とて同様、持てるからといって、「田分け」たことをしていては、たちまち倒産に追い込まれてしまう。三井高利の着眼はここにあったわけである。

『越後屋に絹裂く音や衣替《ころもが》え』という其角《きかく》の句があるが、当時三井は江戸駿河《するが》町に大店《おおだな》を構えていた。百万の人口を擁する江戸の需要は、三井の利益の根幹をなしていたが、三井は本店をあくまでも京に置き、明治になるまで江戸は支店のままであった。

その理由は、商売の命ともいうべき「仕入先」が、京・西陣にあったからである。本店機構と実権を京に置き、本店を挙げて西陣とのコンタクトを密にし、仕入れをより安く、より有利に運ぶ為の腐心であった。

店員は全て本店所属とし、江戸支店には二年間の期限付きで店員を派遣し、期限がくれば直ちに本店に呼び戻し、江戸には決して居着かせなかった。江戸支店が独立王国となることを防止する為の人事管理である。そして、京―江戸間の現金輸送を廃し、為替《かわせ》をもって代用したのである。

こうした三井の商家精神、機構、組織作り、人事管理システムは、全て今日のわが国商社の企業精神に通じるものである。

戦後の高度経済成長を支え、世界が羨望《せんぼう》するわが国商社の組織の根本は、実に元禄年間、三井高利によって案出されていたのである。

あの世のことは仏に聞け、この世のことは年寄りに聞け。
江戸俚諺

5　社会安定と経済成長を両立させた徳川政権

近代化への第一歩「太閤検地」

日本の近世社会（前述したように、精神史的には近代社会）は、信長、秀吉、家康の、三人の異なったタイプの英傑によって幕が開く。

この三人は、以後の日本人の性格を三様に象徴する、独自の個性を発揮して、戦乱の世に終止符を打ち、社会の安定と国家の統合を、それぞれの立場から企てた。三者三様の国家統合の理念を、見事に象徴した言葉が残されている。すなわち、

『鳴かざれば　殺してしまえ　ホトトギス』（信長）

『鳴かざれば　鳴かしてみしょう　ホトトギス』（秀吉）
『鳴かざれば　鳴くまで待とう　ホトトギス』（家康）
——である。

これは、いささか人口に膾炙《かいしゃ》し過ぎてはいるが、三英雄の生涯、性格、事績を、見事に集約した言葉であろう。

織田信長は、前述したように関所を撤廃し、流通機構を整え、楽市・楽座をもって自由商業体制の基礎を作り、経済成長を促進した。

豊臣秀吉は、日本的な意味における統一政権というものを初めて樹立し、国家統合のモデルケースを示した。それまでの古代、中世国家が、生産者階級を直接、政治のシステムの中で考慮しなかった点に着目し、「太閤《たいこう》検地」を断行、土地の収穫高、すなわち経済力を国家の基礎に据《す》えるとともに、生産者階級を政治の「網の目」の中に掬《すく》い上げたのである。

これは、現在ならば税務署の不動産査定のようなもので、絶対的実数とは言えないが、たとえタテマエ上の名目数値としても、史上初めて全国的に生産高を把握した、画期的な事業であったのである。

一国の「近代化」が、生産量の国家的把握をもって始まるとすれば、秀吉はまさにわが国における「近代化」推進の先駆けである。現在、中国が近代化できない根本は、全国の人口が分からない、収穫高が分からない、国民総生産が分からないというように、国家統計が整備されていないからである。

名目数値とはいえ、「太閤検地」によって初めて、国家的規模による経済活動が統計的に把握できたことは、国家の経済的基盤の確立と近代化への第一歩である。

秀吉の国家統合の特筆すべき特徴は、全国各域に割拠する有力者の利益、利害関係、土地、権力を否定することなく、現状を維持、肯定した上で、相互に納得ずくの「話合い」によって推進した点にある。

信長は、武力をもって国家統合を図るという、およそわが国社会では不可能な野望を抱いたが故に、中道で潰《つい》えてしまったのである。その愚を秀吉は賢く学んだ。既得権を否定したり、武力をもってする大変革は、大きな抵抗に遭い、著しく効率を損うとともに、全く無駄な闘争を惹起《じやつき》するということを。

従って秀吉は、現状の利害、既得権を凍結した上で、相互の「話合い」と「宥和《ゆうわ》」の下に、戦乱の世に終止符を打ち、侵略と闘争なき社会、すなわち平和国家の建設を目指したのである。信長が一生を託してもできなかった国家統一を、秀吉がわずか数年で遂行し得た所以《ゆえん》である。

司馬遼太郎は秀吉の特異な政治感覚を、「あらゆる日本の英傑の中で、人間の功利性、私利、私欲を、暖かい眼で見ることのできた唯一の英雄であった」と喝破している。確かにその通りで、秀吉の天下統一は、大義名分を振りかざしてのものでもなければ、統一イデオロギーをもってしてのものでもない。

他人の功利性というものを充分に尊重し、現状を肯定した上で、イデオロギー、大義名分というものは、統合のタテマエとして利用しただけである。功利性第一、イデオロギー第二、というのが秀吉の透徹した政治原則であった。

秀吉に学びたい真の「腹芸」

秀吉の人柄を彷彿《ほうふつ》させる有名なエピソードが遺《のこ》っている。なかなか臣従《しんじゅう》しない家康を、自分の母親を「人質」に差し出すことによって伏見城へ呼び寄せ、公式の面会の前夜、家康の宿へ単身乗り込み、明日の公式の場で、臣従の意思表示をしてくれるよう、手を取って、家康に頼むのである。

もしも家康にその気があれば、秀吉をその場で殺害することも可能であった。秀吉は所詮《しょせん》「成り上がり者」、彼の足軽時代には家康はすでに大名であったのである。しかし秀吉には独得の外交感覚があり、「殺害されることはない」という読みと、「成り上がり者」とはいえ、現状ではすでに地位が逆転しているという自負があった。

そして、自ら頭を下げることによって、相手をも平伏させることができるという、秀吉一流の「腹芸」の極致を見せる。それが見事に効を奏し、伏見城の公式会見は上首尾裡《り》に終わったのである。

日本独得の「腹芸」という習慣には、人間関係を微妙に調節する機能がある。これは言葉による表現に加えて、「ハラ」によっても表現するということであり、わが国においては単なる言葉以上に効力を発揮してきた。しかし「腹芸」というのは双務関係にあり、一方的に「腹を割」れば良いというものではなく、先方の「腹」に通じなければ何の効力も発揮しない。

「腹芸」を成功させる為には、以下の二点が満たされていなければならない。まず「腹」を見せる側に、それ相応の政治的、経済的「力」がなければならない。そしてそれを、誇示するのではなく、穏やかに示し、「力」を行使しないことを相手に納得させなければならない。更に態度、言葉、物腰の全体に、人間的誠実さ、熱意が現れていなければならない。

以上の二点が充足されて、初めて「腹芸」は成立する。ところが、一旦《いったん》「腹芸」という習慣ができあがってしまうと、今度は言葉だけが勝手に一人歩きし、時代が下《くだ》るにつれて、一方的に自分が「腹を割」れば良い、「誠実」であれば良いという誤解が生じ、相手に通じさせる表現力、熱意、真剣さがなおざりにされるようになってしまった。

近世人がいかに威儀、礼儀を正し、言葉を尽くし、平伏すべきは平伏して、相手に「腹」を通じさせることに熱心であったかを、後世はすでに忘れている。

大正期に入ると、「腹芸」は極端に矮小化《わいしょうか》されて解釈され、自分さえ誠実であれば今更言葉にする必要はない、通じないのは相手が悪い、というまで甚《はなは》だしい曲解を生み、以後の日本人の思考を、今日に至るまで支配している。

明治期の外交家は、陸奥宗光《むつむねみつ》にしても小村寿太郎《こむらじゅたろう》にしても、制度、習慣、感受性の全く異質な諸外国を相手に、わが国の条件と立場を全知全能を傾けて説明し、あらゆる手段を講じて理解を求めてきたのである。すなわち、真の「腹芸」を体現していたのである。

ところが大正期以降は、そうした国際的な努力を怠《おこた》り、自国が誠実でさえあれば国際的に必ず理解されるはずであり、もし理解されないとすれば、それはすなわち相手国に非のあることで、最終的には戦争すらも辞さないという、表現力欠如の一面的「腹芸」感覚で外交を司《つかさど》り、その外交感覚が現代まで連綿として続いている。

鈴木善幸首相がレーガン大統領との会談で、安保条約の強化を外向けに発表、宮沢喜一官房長官が、条約の強化は武力の強化ではないと、日本国内向けに弁明した二枚舌は国際的には通用しない。

こうした国際的不信がいかに災いを招き、長期化、固定化するかということには全く無警戒であり、無知であるとしか思えない。

国際摩擦が続出している今日こそ、秀吉の天下統一に示した政治力に学び、近世から明治に至る真の「腹芸」、言語表現を伴った「腹芸」というものを、今一度見直す必要があるのではないか。

〝関ヶ原の戦い〟は派閥争い

徳川家康は秀吉の確立した政治方針をそのまま受け継いだ。関ヶ原の戦いは、俗に「天下分け目の合戦」と言われているが、これは政治方針の違いによる激突ではなく、言うなれば与党間の派閥争いの類《たぐい》で、政権交替の為の儀式のようなものに過ぎなかった。大体わが国の内戦では大義名分が判然としない。「豊太閤の遺徳を偲《しの》ぶ」とか、「徳川十五代の社稷《しゃしょく》を守る」とか、少なくとも政治用語の範疇《はんちゅう》には属さない、抽象的名分が多い。つまりわが国では、政治的イデオロギーに基づく闘争というものはほとんどなく、全ての衝突が家督争いに過ぎなかったということである。

長男と次男が家督を争って親族会議が荒れるようなもので、与党の実力者の間で、政権の移行に関して多少のトラブルが起きたというのが、関ヶ原の戦いであり、戊辰《ぼしん》の役なのである。

アメリカの南北戦争のように、政治の方針をめぐり、国を二分して争うというような国内戦争は、わが国においては史上皆無である。南北戦争は政治、経済のあらゆるプリンシプル（原則）、イデオロギーを賭《と》して戦われた国内戦争であった。

しかるに関ヶ原の戦いというのは、そうしたイデオロギー的対立もなければ、プリンシプルの相違もなく、単なる政権交替のイザコザに過ぎず、事実、勝利を収めた家康は、秀吉の確立したプリンシプルを踏襲しているのである。

こうした彼我《ひが》の内戦の質の相違が、規模、犠牲者、期間の長短にも如実に現れている。

関ヶ原、大坂落城の一連の犠牲者と、南北戦争のそれとは比較すべくもないし、「天下分け目」とはいい条《じょう》、関ヶ原の戦いはわずか三時間ほどで決着を見たのである。

調停者・北政所と勝海舟

しかも面白いことには、わが国の場合は必ず、犠牲を最小限に止めるべく「知恵者」がいつも現れ、歴史的に重要な役割を果たすことになっている。司馬遼太郎の解釈によれば、豊臣から徳川への政権の移行に際して、この役割を果たしたのは秀吉夫人北政《きたのまん》所《どころ》である。

北政所は秀吉の遺子秀頼《ひでより》、その母淀君《よどぎみ》、その臣石田三成《みつなり》を筆頭とする豊臣家の政権担当よりも、より実力のある家康に政権を委譲し、豊臣家はむしろ一大名に退く方が国も治まり、諸方円満に治まると判断する。これを女の嫉妬心と言えばそれまでの話である。

淀君の子・秀頼が秀吉の胤《たね》でないことは明白である。あれだけの妻妾《さいしょう》を抱えながら、淀君だけが二度にわたって懐妊するというのも不自然であるし、なにぶん秀吉晩年のことである。しかも、最初の子は夭折《ようせつ》したが、二度目の秀頼は、秀吉とは似ても似つかぬ大男であったという。

従って秀頼は、秀吉の胤でないばかりか、あるいは秀吉の合意の下に淀君が、豊臣家存続を図って生み落したものとも考えられる。

そうした経緯は別として、北政所にとって秀頼は所詮自分の子ではなく、夫の子でもなく、秀吉の死をもって豊臣家の歴史は終わると考えたのは当然であった。もし以後も豊臣家が存続するとすれば、それは実力者家康の天下統一の下における一大名として、一雄藩に止まるべきだという信念の下に、豊臣から徳川への政権の移行が最もスムーズに、最も犠牲の少ない形で行われるべく尽力したのである。

「政治」というものが人間の情念の結晶体である限り、政権の交替に軋轢《あつれき》、流血の伴うのは宿命である。その流血、犠牲をいかに最小限に止め得るかが人間の叡智であろう。

関ヶ原から大坂落城に至る犠牲は、歴史の宿命であり、新政権誕生の陣痛であった。しかもその犠牲は異例に最小限に止まり、関ヶ原での二、三時間の局地戦に限定され、戦禍が都市に、全国に及ぶには至らず、大坂落城をもって終結する。

こうした犠牲、被害の異例の小ささこそ、北政所の調停によるものである。わが国の歴史は変革期に差しかかると、必ずこうした「知恵者」が現れ、大義名分を超越して人間関係を調整し、歴史をスムーズに移行させるもののようである。

明治維新の際、同様の役割を果たしたのが勝海舟である。あの政権の交替期にあって、もちろん各所でトラブルは惹起したが、諸外国の政権交替、革命などに較べれば、最小限の犠牲、被害で変革を遂行し得たことは、歴史が証明しているところである。これも、歴史が課した役割を、勝海舟が見事に果たしたことによる。

ところで、秀吉の政治方針をそのまま受け継いだ家康は、社会安定を第一に考慮し、全国に割拠する封建諸侯の現状をそのまま認め、それぞれの区域の自治に任せた。従って、徳川家の直轄《ちょっかつ》領は全国の二割程度に過ぎず、残りの八割方は各大名の自治区域であった。

経済的に見れば、徳川将軍家といえども、一大大名に過ぎない。これこそ日本的「統一政権」の特徴であり、日本の社会が最も安定する条件なのである。

将軍家が政治的、経済的絶対権力を握って諸侯の上に君臨するよりも、「忠誠」という精神的な絆《きずな》、政治的フィクションの上に、名目上君臨することの方が、わが国においては社会が安定する。「覇」を捨て「王」につき、「自治」に委ねる道こそ国家、政権の安泰につながるということを、家康は認識していた。

後世、大名の「お取り潰《つぶ》し」「転封《てんぽう》」が、頻繁《ひんぱん》に行われたかの如く誤解されているが、徳川二百八十年間を通じて極くわずかの例しかない。それも開幕初期の頃の、やむを得ざる調整措置《そち》であった。三代将軍家光以降は、大名の「国替え」はよほどの事情あってしか行われていないし、全国的にほぼ完全なる自治区域が定着していた。

江戸前期は高度経済成長時代

「鎖国政策」も、経済発展を凍結した元凶のように考えられているが、これとて社会安定を優先させる為のやむを得ざる措置であり、事実、社会の安寧秩序は著しく改善され、平和は維持されたのである。鎖国といっても、窓口を長崎に集中しただけのことに過ぎない。

それに、大石慎三郎の考証によれば、江戸開幕後の百年間というのは、大変な高度経済成長期であった。この間に各藩は、盛んに耕地面積の拡大を図り、灌漑を整備し、農業生産の増大を達成しているのである。尾張藩などに至っては、新開地が増え過ぎ、就労農民が不足するという事態まで招いている。

そして、新耕地の収穫に対しては二十年間免租《めんそ》するとか、新開地への移住農民には種々の特典を与えるなどして、各藩ともに経済政策に力を注ぐのである。

こうした高度経済成長は元禄の頃まで続く。これも社会安定を優先させた結果であろう。堺屋太一の『峠の群像』（日本放送出版協会）の「峠」というのは、高度経済成長が頂点に達した「元禄」を象徴し、それ以降はまた新しい時代が始まった成り行きを示唆している。

江戸初期百年間の高度経済成長は、幕府の経済政策によるものでもなければ、奨励策によるものでもない。全く各藩の自治と独自な経済政策によるものであった。

当時の各藩は独立して一国を形成し、自給自足を基本に、独自の物産を開発し、それを交易にまわすことによって経済を支えていた。従って各藩を自治国家、日本列島を世界に見立てるならば、あたかも国際貿易によって高度経済成長を支えていたとも言い得る。

その為に、東海道、中仙道を初め、五街道という幹線道路を整備し、物資の運搬、流通網を整え、海上航路を切り開いたのである。

同時に、各藩とも自藩の物産に改良を加え、特色ある商品として貿易市場に送り出したのである。つまり、アダム・スミス（イギリスの経済学者）が「交換経済」の論理を説く前から、わが国においては「交換経済」が実践されていたのである。今日の日本各地の名品・名産は、ほとんどこの時期にできあがったものである。

このように、江戸前半期の高度経済成長は、「藩」という自治国家の、耕地面積の拡大による農業生産の増大、物産の拡大改良、交易の振興奨励という、自主的な経済政策が支えたものであった。

江戸の経済と地方自治

柳田国男（民俗学者）は、「流行歌《はやりうた》は陸地を伝わって広がったものではない。海上を港から港へ伝わったものだ」と言っているが、江戸時代の海上貿易を考えれば、それも首肯《しゅこう》される。

東北各藩の米は船積みされると、日本海、下関、瀬戸内海を経て大坂・堂島に運ばれる。そして帰りは、当時の先進文化圏であった京坂《けいはん》の「古手《ふるて》」すなわち「古着《ふるぎ》」を満載して、逆航路をたどるのである。その際、京坂の流行歌も一緒に新潟、酒田、秋田と北上しつつ、各港へ伝えられて行ったものであろう。

同様に言葉も海岸沿いに伝播《でんぱ》し、江戸には大坂弁が入り、大坂には江戸弁が入って行った。中村幸彦《ゆきひこ》（国文学者）は、「大坂弁は最初、深川の遊廓に入り、それから江戸市中へ入って行った」と論じている。

深川は材木の集散地で、上方《かみがた》商人が集まる社交場であったと同時に、前にも触れたように、三井の江戸支店・越後屋などに、京坂から単身赴任している丁稚《でっち》、手代《てだい》など「江戸チョン」の最大の「遊興場」でもあった。彼等の給金では吉原へは行けなかったのである。

事程左様に文化は、「海運組織」の手によって全国へ伝播して行った。

もしも徳川幕府が各藩の自治を認めず、強力な中央集権体制をもって臨んだならば、恐らく江戸前期の高度経済成長はなかったはずである。現在、わが国は「地方の時代」を盛んに喧伝《けんでん》しているが、一地域なり、一組織なりが、自主的、主体的運営を任されたとなると、俄然《がぜん》責任感を発し、労働効率を発揮するのが、どうやらわが国民性らしい。

従って、「親方日の丸」的な、〝国鉄〟のような組織になると、責任感は急速に失われ、たちまち赤字化してしまうのである。江戸時代の「自治体制」に学び、「親方日の丸」組織を分割し、それぞれの自主的運営に任せるべきではないだろうか。

すなわち、江戸時代の東海道、中仙道、甲州街道等のように分割し、独立採算として競合させ、責任の所在を明らかにすべきであろう。「親方日の丸」組織の再建は、人員の合理化というよりも、労働効率の合理化にかかっており、いかに責任感を誘発し、組織の活性化を図るかにかかっているのではないだろうか。

こうしたことは全て人間の「やる気」と「責任感」にかかっていることであり、それらは全て江戸時代に実験済みのはずである。どのような状況下にあれば、人間が「やる気」と「責任感」を持ち得るかは、徳川前期の高度経済成長を支えた「地方自治体制」の中に、テスト・ケースとして全て現れているのであるから。

しかるに明治期以降、欧米先進国に学ぶに急な余り、わが近世人の豊かな知恵、伝統的精神は、ともすればないがしろにされてきた。現在、高度経済成長の「ひずみ」が云々されているが、これこそ無視、蔑視してきた伝統に復讐されている現象ではないだろうか。

〝天守閣〟より社会の安定

江戸前半期の高度経済成長には、各藩の自主独立の精神に支えられた「やる気」が、日本列島に漲《みなぎ》っており、将軍家は名目上江戸城に「鎮座《ちんざ》」するのみで、全ては地方の自治と責任に委《ゆだ》ねられていたのである。すなわち、当時こそ全くの「地方の時代」であり、「地方」が国家繁栄の担い手であったのである。

それを象徴するものこそ、明暦《めいれき》の大火（一六五七年）で焼失した江戸城の天守閣を、以来再建しなかったという事実であろう。天守閣がいかに戦国の世の遺物であり、平和の世には無用の長物であろうと、それは統一政権の威信を象徴するもののはずである。

諸外国なら、何をおいても即刻再建に取りかかるのが常識であろう。しかし、徳川政権は遂にそれをしなかった。時々ブラウン管には、立派な天守閣を備えた江戸城が映し出されるが、時代考証の誤りであろう。明暦以降は、江戸城に天守閣はなかったのである。

畢竟《ひっきょう》、徳川政権は、権威、権力をもって政権の維持を図る道はとらず、政治、経済、社会の安定を第一義としたのである。

戦後高度経済成長の反省期にある今日こそ、江戸前半百年の、社会安定と高度経済成長を両立させ得た、稀有《けう》の時代に学ぶべきではないだろうか。全ては人間の「やる気」にかかっていることを。「やる気」こそ独立制の中から芽生えることを。そして、「絶対制」「中央集権制」は、伝統的にわが国民性には馴染《なじ》まないものであるということを。

いかに治民の術をのみこんでいても、今も昔も人間万事、金というものがその土台であるから、もしこれがなかった日には、いかなる政治家が出ても、とうていその手腕をほどこすことはできない。

勝海舟『氷川清話』

6　「天皇制」は嫉妬の象徴

「藩政改革」と「お家騒動実録」

前項で論及した高度経済成長は、元禄《げんろく》・享保《きょうほう》を境に頭打ちとなる。当時の土木技術をもってしては、もはや農地の拡大は望み得ぬ一方、商品経済は高度に発達し、武家階級は漸次《ぜんじ》困窮化して行く。

その根本は年貢の伸び悩みにある。当時の年貢の徴収を、現在の税務署と個人のような、一糸も漏らさぬ税務形態と考えては過《あやま》つ。

旺盛な耕地面積の拡大により、収穫高は著《いちじる》しく増大していたにもかかわらず、土地の表高《おもてだか》は太閤検地以来の数値に止められていた。すなわち加賀百万石、伊達六十二万石、土佐二十四万石という表高の数値は、江戸全期を通じて改訂されることがなかった。

再検地をすれば、農民の「やる気」を著しく損《そこな》ってしまうことを憂慮したからである。いわゆる「隠田《かくしだ》」は、当然のことのように横行していた。現在の形式主義的な税務体制と異なる所以《ゆえん》である。

更《さら》に年貢の徴収石高についても、藩側の一方的な数値の提示によって決定されたのではなく、大石慎三郎が説くように農民側の自主的な申告に基づいて、両者談合の末に、民主的に決定された。すなわち、庄屋、名主という在郷の名望家が農民を代表して、藩の経済官僚と談合し、その年の収穫高に応じて、一ヵ村単位で年貢の石高を取り決めたのである。

そしてそれを、庄屋、名主が更に小地域の代表者を通じて、農民個々の出来高に応じて割り当てたのである。

「公」による「申し渡し」制によらず、「私」による「申告」制が採用されたことによって、大名といえども無制限な徴収はできなかったし、農民の側にも剰余が残り、それが商品経済の基礎を支えたのでもあった。

経済成長が鈍化《どんか》し、商品経済が円熟するにつれて、商人階級は次第に富裕化する一方、武家階級は困窮の度を加えて行った。そして時代は「藩政改革」期を迎えるのである。従来の「米」経済にのみ依存していた藩、物産の振興奨励策を怠った藩は、見る見る間に窮乏化して行く。

信州・岩村田藩のように、藩経済が完全に一人の町人（松代の大商人・八田家）に掌握され、今でいう「銀行管理」下に入ったり、伊達六十二万石のように、藩の財政を全て大坂の升屋の番頭に委《ゆだ》ねるという事態にも立ち至るのである。鴻池《こうのいけ》の番頭草間直方《くさまなおかた》は、『三貨図彙《さんかずい》』というわが国最初の貨幣経済史を著《あらわ》した学者でもあり、山片蟠桃《やまがたばんとう》は、今日ならばさしずめ宮城県知事として、県政を改革した人物というところであろう。

江戸期を通じて賢君、明君が一斉に出現するのもこの時期である。「藩政改革」の必要上、「名君待望論」が叫ばれ、各藩とも広く外に人材を求め「養子縁組」に奔走したり、種々の理由をつけては、他藩の有能な庶子《しょし》（妾腹の子）を自藩の君主の座に据えるなどの、スカウト人事が盛んに画策された時期でもある。事実、この時期の名君の九割方はこうした人物であった。

その典型こそ米沢の養子藩主・上杉鷹山《ようざん》であり、名門上杉家の伝統、旧習と闘いつつ、遂に藩の財政を建て直すのである。

後に福沢諭吉は、『妾《めかけ》興国論』というエッセーを書いているが、実にこの時代の藩政を建て直した賢君、明君こそ、町人階級の賢婦人を側室として生まれた庶子であり、他藩の有能な次男、三男などの養子であったのである。

と同時に、いわゆる「お家騒動」が頻発するのもこの時期である。加賀騒動、伊達《だて》騒動を初め、鍋島藩の「化《ば》け猫騒動」に至るまで、後世に「実録物」として遺っているお家騒動記のネタは、全てこの時期、江戸後期のものである。

「実録物」とはいい条《じょう》、むろんこれらは当時の講釈師が「飯の種」として、創作に創作を加えてなったものであることは言うまでもない。

原田甲斐《かい》を首魁《しゅかい》とする伊達騒動において、「政岡《まさおか》」なる女性は実在しなかったし、完全なるフィクションであることは周知の通りである。恐らく女性層の同情を買うべく、鍋島藩の話を転用して、講釈師が捏造《ねつぞう》したものであろう。

こうした「実録物」は、表向き公儀、大名の内輪話であっただけに、版木に彫《ほ》られて出版されるようなことはなく、あくまでも講釈師の「ネタ」本、あるいは写本として伝わったもので、出版されるに至ったのは明治以降のことである。

抜擢人事に厳しい日本人

お家騒動は、表向きは継嗣《けいし》騒動のような観を呈し、旧来の長子相続制と養子・庶子相続制の軋轢《あつれき》のようにも見えるが、これはあくまでも喧嘩の大義名分に過ぎない。実際の原因は低成長下における藩政の建て直しの為、家柄、身分を無視した抜擢《ばってき》人事が行われたところにある。身分下位の者が、その能力と手腕によって異例の出世を遂げ、藩の実権を握ったところに根本の問題がある。

つまり、「藩政改革」という時代要請が生んだ「抜擢人事」派と、名門、名家の「伝統」派の対立、抗争こそ、お家騒動の底流であり、源流である。

こうしたお家騒動を「ネタ」に、あたかもノンフィクションであったかのようにフィクション化したものが「実録物」である。しかもこの実録物は当時の民衆に非常に受けた。なぜそれほどまでに受けたのか。ここにこそ、日本人の体質と伝統的思考様式が隠されているのではないか、と私は思う。

実録物によれば、最後に勝利を握るのは必ず伝統派である。この精神は今日の「髷物《まげもの》」にも脈々と生きており、「悪家老」は必ず「抜擢家老」の方であり、「代々家老」

の方は「善玉」と決まっている。また、異例の抜擢を受けた官僚も、ことごとく最後は「成り上がり者」「極悪人」の烙印を押されて破滅して行く。

こうしたワン・パターンは一体何に由来するのだろうか。思うに、「政治」というものが利害の調整であり、物資の配分方法である限り、いかなる合理的政治が行われようと、必ず一部に不満を残してしまう。従って、「政治改革」を断行するということは、従来の経済的配分方法を、時代の要請する新しい合理性に基づいて、調整し直すということである。

そうした場合、あらゆる不満が増幅され、改革の一点に集中されてしまうのも、「政治」というものの宿命である。つまり、「政治改革」によって恩恵に浴した者は、自らの「有能」を恃《たの》み「当然」のことと考える一方、それに浴さなかった者、あるいはかつての政治的、経済的特権を剥奪《はくだつ》された者は、当然のことに「政治改革」を恨《うら》み、それを断行した人間を憎む。

江戸後期の「藩政改革」が時代の要請であり、いかに有能な人間の手によって断行されたとしても、それが旧秩序の「改革」であった限りにおいて恨みは増幅され、それを断行した抜擢官僚は嫉《そね》み、妬《ねた》み、憎悪の集中砲火を浴びた。故に抜擢官僚はその能力、手腕を駆使し、実際に「藩政」を建て直したにもかかわらず、その半数以上が非業《ひごう》の最期を遂げたり、中道で潰《つい》えているのである。

その典型的な例は、島津藩側用人《そばようにん》調所広郷《ずしょひろさと》である。調所は島津重豪《しげひで》の抜擢を受け、経済改革を断行し、琉球との密貿易によって富を蓄積し、明治維新に際し薩摩藩が雄飛する基礎を作ったにもかかわらず、最後は「伝統派」の讒言《ざんげん》に遭い、あえなく切腹して果てるのである。

このように、わが国の歴史においては、「成り上がり者」は極端に嫌われ、実績を積み、能力を発揮すればするほど「伝統派」との軋轢が生じ、頼みとする一族もなく、孤独の内に非業の死を遂げる、というのが大原則のようである。

従って、「能ある鷹は爪を隠す」のたとえ通り、真に敏腕なる政治家は、その敏腕さを外に現してはならない。一見、凡庸《ぼんよう》でなければならない。わが国で史上最も人気のある大石内蔵助が、例の事件が勃発するまでは「昼行灯《ひるあんどん》」と言われていた所以であり、それがまた日本人の国民性に適応する所以でもあったのである。

「実録物」が、本来ならば称讃してしかるべき功績を残した「成り上がり者」に冷たく、凡庸なる「伝統派」に寛容であること、またそうした偏見的講釈に民衆が聴き惚れたことの中にこそ、わが国民性の底流が潜んでいる。すなわち、日本人は順を追った出世、段階的な出世には比較的寛大であるが、異例の抜擢、飛躍的出世には非常に厳しいということである。換言すれば、日本人は異常なほど「嫉妬《しっと》心」の強い民族であるということに他ならない。

鷗外が迎合した日本人の心性

森鷗外に『栗山大膳《くりやまたいぜん》』という歴史小説がある。

これは黒田藩のお家騒動記で、藩政再建の為異例の抜擢を受けた経済官僚が、主君の寵愛《ちょうあい》を一身に受け、代々家老栗山大膳をつんぼ桟敷《さじき》に置いたまま、主君と二人で種々の政治、経済改革を断行する。怒り心頭に発した栗山大膳は、「黒田藩に謀叛あり」と恐れ多くも幕府御公儀に直訴して出る。つまり自らの失地回復の為に主君、藩を売ったのである。そしてとどのつまりは、「喧嘩両成敗」の御沙汰となり、一大抜擢された経済官僚は没落し、栗山大膳自らも東北へ「流し者」となって、一件は落着するのである。

話はそれだけのことであるが、問題は鷗外の筆致にある。数々の藩政改革を行い、実効を挙げた抜擢官僚を最初から「悪」と決めつけ、無能な代々家老栗山大膳の施政、方針には一言半句も触れることなく、その人格、人柄の美しさのみによって「善」と決めつけている姿勢にある。

歴史小説とはいえ、「小説」というものが総合的人間性、全体的人間像を扱うべきものであるならば、『栗山大膳』には明らかにそうしたものが欠けているばかりか、歴史家としての洞察力においても、大いに不満が残る。

鷗外論はますます盛んであるが、誰もがこの点に言及しないのは不思議でならない。鷗外が「成り上がり者」を嫌うという、日本人の心性に迎合した故であろうか。

閑話休題《もとへもどって》、事程左様に日本人は、年功序列をもって逐次的に昇って行くことこそ、社会的に望ましいと考えており、「異例抜擢」には、自らの生活圏外の者にであっても、異常なほどの嫉妬心、復讐心を燃やす。

能力故に、段階を飛び越えて第一位の座に着く者に対する納得できない気持、おさまらない気持、許せざる気持というものを、日本人は無意識裡に抱いている。「実録物」の精神、及びその講釈に聴き惚れた民衆の姿こそ、その見事な例証であろう。

従ってわが国では、国民精神が安らかにおさまるべく、トップの座を、能力、自由競争によって掌中《しようちゆう》にできないように、幾重にも組織をめぐらしてあるのである。

「鬚物」と「天皇制」にみる国民性

その最たるものこそ「天皇制」である。「天皇」の地位は、天皇家以外の何人《なんぴと》たりとも取って代わることはできない。明治の皇室典範、現行の皇室典範では嫡男子世襲と決まっているが、それ以前は誰でも良かった。ただし「天皇家」の者に限ってのことである。

わが国においては、「ナンバー・ワン」を自由競争、あるいは選挙によって選ぶなどということは、国民性としてあり得ないことなのである。事実、「天皇」の地位は不動のものであり、最高に上りつめたところで「ナンバー・ツー」、内閣総理大臣止まりである。それも天皇の「認証」によって、初めて発効するのである。逆に言えば、こうした手続き、システムこそ、わが国民の精神を安定させているのだとも言い得る。

例えば、ジョージア州のピーナッツ畑の地主や、ハリウッドの三流役者が、「大統領」という「ナンバー・ワン」の地位に着いても、全く異和感を覚えないアメリカ国民や、ヒットラーという名もない、絵かきの「なりそこね」が、国民の圧倒的支持の下にトップの座に着いても、それを「当然」と受け止めるドイツの国民性と比較する時、わが国民性の特異さは際立っている。

わが国の場合は、「トップの座」は世襲制として別格に扱い、実質的国民のリーダーたるべき「ナンバー・ツー」も、直接国民選挙によって選出しようという総意はない。一部の新聞などでは、「首相」を国民投票によって選出しようとする論調が、紙背《しはい》にチラチラ垣間《かいま》見えるが、未だナショナル・コンセンサスに訴える動きにはない。

本来わが国民は、国民投票によって「天皇」「首相」を選出することを好まない。だから幾重にもクッションを置いて、間接的にリーダーが選出されるようになっている。むしろ、「能力」「実力」によって首相が選ばれることよりも、派閥の「力学」によって選ばれることの方を、内心歓迎しているとも言えるのである。

それほどわが国民は、図抜けた実力馬が一頭だけ、日本ダービーを独走するような図を、政治の世界において見ることを好まないのである。恐らく、完全なる国民投票によって、「実力宰相」を選出することになったら拒絶反応を示すだろう。

こうした国民性の原型は、江戸後期の民衆を沸かせた「お家騒動物」の中に、そして未だに語り継がれているワン・パターンの「鬚物」の中に、脈々と生きているのである。

わが国には勝負の世界は別として、政治、経済の世界においては、「権力の集中」を極端に嫌い、適度に分散することによって、精神的に安心するという国民性がある。

だから日本の企業の場合、会長や社長に権力が集中するよりも、取締役会、常務会などに適度に分散され、「権力」そのものの存在を曖昧にし、それぞれが各パートを分担し合うという形態が望ましいのである。

同様に政治においても、「天皇」は名目上君臨し、「ナンバー・ツー」たる首相も、派閥関係の中で、オモチャの「弥次郎兵衛《ヤジロベエ》」の如く存在していることの方が望ましく、たった一人に全ての権力が集中するようでは、国民の心は安まらないのである。

なぜ「天皇制」が継続されたか

不幸にも権力の集中し過ぎた政治家は、わが国ではことごとく暗殺されている。大久保利通《としみち》しかり、原敬《たかし》しかりである。政治を「まつりごと」というように、わが国の「政治権力」はちょうど祭の「御輿《みこし》」のようなもので、御輿の上に「天皇」が乗っており、それをそれぞれが分担して肩に担うという図が、いちばん日本人の体質に合っているようだ。

総理大臣一人が担っているような図は、かえって国民を不安に陥《おとしい》れてしまう。これはわが国の政・経・学界のあらゆる組織に共通する感受性である。渡り鳥が集団で移動するような、リーダーの曖昧な組織構成が、わが国民性には最も相応《ふさわ》しいようである。

しかし、自己の能力を充分に生かしたいと考えるのは人間の常であるし、殊《こと》に政治に携わる者は、そう考えるに違いない。だが、その野心を露骨に表面に現してはならないというのが、日本の社会的リーダーたる者の、絶対に心得ておかなければならない歴史的根本原則でもあろう。

「天皇制」なるものが、なぜに日本の歴史を縦に貫いて、今日に至るまで幾変遷を経ながらも継続し得てきたのかという、この歴史的「謎」を解明した史家は、未だ一人もいない。もちろん、その「謎」を私が解明しようというのでもなければ、またできるはずのものでもないが、思うに「天皇制」は、わが民族の精神のあり方にかかわっているのではないか。

「天皇制」が単なる政治の力学とか、時代の条件というだけで、これほどの長い歴史を縦貫できるわけがないのである。つまり、「天皇制」というのは、わが国民性がつくりあげ、その継続を願ってきたところのものではないのか。

そしてその国民性とは、「嫉妬心」のことではないのか。日本人が、横に対する「嫉妬心」が異常に強い民族であることは、前述した通りである。すなわち「天皇制」の秘密とは、日本人の心理状態を根本において規制している「嫉妬心」を、いかに平穏無事におさめるかの苦心の結晶であり、体制であったのではないか、というのが私の推測である。

だから、わが国の歴史においては、有能なる政治家、独裁君主はしばしば現れるが、皆一様に中道で斃《たお》れて行くのも、「嫉妬心」の塊《かたまり》たるわが国民性に無知であったか、あるいはその象徴たる「天皇」の権威に近づき過ぎた為とも言えるであろう。事実、織田信長は明智光秀に弑《しい》され、大久保利通は明治十一年紀尾井坂に、原敬は大正十年東京駅頭に斃れて行くのである。

ただし原敬ほど日本の政党政治史上、見事なまでに絶対多数政権を確立し、維持した政治家はいない。また、原敬以前にも以後にも、「政党政治」というものが、あれほど磐石《ばんじゃく》の重みをもって、日本の政界に君臨した時期もない。ひとえに原敬の稀有《けう》の才能と、卓抜した手腕によるものである。政友会の原敬ではなく、原敬の政友会と言われた所以である。

「嫉妬心」を直視する政治

原敬の恐るべき偉大さは、自らの「権」と「能」故に、「畳の上では死ねないだろう」ということを自覚していた点にある。その為に、あの多忙な政治生活の間にも、毎日欠かさず走り書きの日記を認《したた》め、それを一週間に一度か十日に一度更に清書し直して、自らの政治生活や決断を下した政治問題を克明に書き連ね、後世に膨大な『原敬日記』を遺《のこ》した。

しかもその『日記』も、「自分の死後五十年間公開してはならない」と遺言しておいたのである。恐らく彼は、政治家の真の価値というものは、半世紀を経た上でなければ、公平に理解、判断できるものではないという政治信念を抱いていたのであろう。

そして、自分がいつ何時《なんどき》暗殺されても家人がうろたえることのないように、死後の私財の処置、相続問題などを仔細《しさい》にわたって指示、身辺整理を怠らなかったのである。

だから、大正十年（一九二一年）、東京駅頭で刺客に斃れた時も、死後の始末はいささかの遅疑《ちぎ》もなく取り行われ、申し付け通り、養子奎一郎を留学先のロンドンから呼び戻すこともなく、葬儀は万端滞りなく行われた。そして死後には私財らしきものは何もなく、膨大な『原敬日記』が遺されただけであった。

私財のほとんどを政治生活に投入し、自らの政治姿勢を、五十年後の知己《ちき》にまった一政治家の姿が彷彿《ほうふつ》される。

原敬は、自らのあまりの成功に危機感を覚えると同時に、リーダーシップを発揮すればするほど、危険な状態に陥るということを、わが国民性に照らして自覚していた唯一の政治家であった。

「嫉妬心」の強い民族の中にあって、政治、経済、文化等、あらゆる分野において、完全なるトップリーダーになること、しかも国民の誰の眼にも、鮮明なる「権力を帯する者」と映ずることは、常に危険性を孕《はら》んでいるのである。

恐らく、こうした「嫉妬心」にいちばん馴れ親しんできたのは日本民族であろう。その経験と知恵の結晶こそ「天皇制」であり、政治、経済、その他の分野における権力の曖昧化と分散化であり、その集中を許さぬ組織づくりであろう。

それだけに、これからの国際政治を考える時、「嫉妬心」が世界共通の人間感情である限り、わが国の歴史的叡智、政治形態は、すこぶる役立つはずである。すなわち、「これみよがしの政治」や、露骨な経済的制覇を避け、国際的野心には幾重にもフィルターをかぶせ、真の実力というものを円満に、効果的に発揮することである。
世界がますます狭《せば》まりつつある今日、価値判断を離れ、人間の自然の情たる「嫉妬心」をまず直視し、それにいかに対処して行くかが、国内、国際政治の今後の課題であろう。
と同時に、今一度、わが国の「嫉妬の歴史」を振り返って見る必要があろう。

お気をつけなさい、将軍、嫉妬というやつに。こいつは緑色の目をした化物で、人の心を餌食にしてもてあそぶのです。

シェイクスピア『オセロ』

第2章

「流れ」を観れば歴史通

1　明治維新は「会社更生法」の申請であった

わが「歴史学」の実態

「日本史」及び「日本史の研究」という学問は、明治以降に興《おこ》った学問であり、それ以前の日本人は、自国の歴史を、「読物《よみもの》」として、例えば『平家物語』であるとか、『太平記』『太閤記』というように、一時代の部分的読物として楽しんでいただけで、それをひとつの「歴史の流れ」として捉《とら》える発想はなかった。

江戸時代の知識人にとって、「学問」とは、中国の文献を渉猟《しょうりょう》することであって、重要な典籍は『論語』『唐詩選』『史記』『十八史略』『文章軌範』『古文真宝《こぶんしんぽう》』等々であり、自国の「歴史読物」などは、あくまでも「隠れて読むもの」であって、娯楽の域を出なかったのである。

当時の学者は、自国の歴史にはほとんど見向きもせず、中国の歴史を学ぶことがすなわち「歴史を学ぶ」ということであり、日本の「歴史読物」は所詮《しょせん》「俗書」、中国の正史たる「史書」につくことこそ、人生の軌範、「人間学」を学ぶことであると考えていた。

こうした中国崇拝の中で、わが国の歴史を「ひとつの流れ」として捉える発想が出てきたのは、まず北畠親房《きたばたけちかふさ》の『神皇正統記《じんのうしょうとうき》』（一三三九年）、次いでは水戸光圀《みつくに》の『大日本史』であるが、『大日本史』はあくまでも編纂《へんさん》することに目的があり、一般の読者を対象としたものではなかった。

日本の歴史が一貫した流れとして、つまり歴史的視野の下に著述されたのは、『日本外史《がいし》』が最初である。その他、新井白石の史書などもあるが、これらはあくまでも「史論」であり、統一された「歴史の流れ」というものではなかった。

従って、わが国の歴史が、初めて一貫した展望として把握された歴史書は、頼山陽《らいさんよう》が二十代で草稿をつくった、『日本外史』（一八二七年）をもって嚆矢《こうし》とするのである。

このように、江戸時代のわが「国史」に対する理解は、中国崇拝の陰に隠れて、極めて貧弱であった。そして明治維新を迎え、今度は中国に代わって、「ヨーロッパの歴史学」が跋扈《ばっこ》し、その「方法論」が崇拝の対象となってしまった。

東京帝国大学に史学科が設けられて以来、「歴史学」とは、「歴史を割り切る学」という風潮がはびこり、外国製の方法論のみが先行し、わが国の歴史自体は「材料」と化し、欧米の有名な歴史学者の「歴史解釈の方法」を、いかにわが国の歴史に当てはめるかが、明治、大正期を通じての、わが国「歴史学」の実態であった。

こうした外来方法論の伝統の上に、更に大正後期には「マルクス主義」が移入され、「マルクス主義こそあらゆる学問の王者」という信仰が定着し、日本の歴史はおろか世界の歴史すらも、マルクス主義理論で整理し切ろうとする学問的傾向が、連綿《れんめん》として今日まで続いているのである。

明治維新は「革命」ではない

現在に至るまで、わが国の歴史学者のほとんどはマルクス主義史観の信奉者であるが、その中で最も柔軟な思考をしたのは服部之総《はっとりしそう》である。彼もマルキストの御多分に漏れず、明治維新を「革命」として捉えようとしたのだが、その際どうしても、例えばフランス革命やロシア革命を遂行したような、「主体」というものを見つけ出すことができなかった。

例えば羽仁《はに》五郎などは、安易にも江戸後期の「百姓一揆」に「主体」を見出しているが、一揆はあくまでも当事藩の経済政策のミスであり、年貢政策に対する「訂正要求」の蜂起に過ぎなかった。事実、彼等農民層は、政権交替を要求したのでもなければ、政権の担当意欲を表明したのでもなかったのである。

「革命の主体」というものは、必ずや革命さるべき社会の不安を象徴し、その矛盾を体現し、政権担当の熱烈なる意欲と、きたるべき社会の青写真を持って、歴史の舞台に登場してこなければならないもののはずである。

服部之総は明治革命の「主体」発見に考えあぐねた末、結局「下級武士論」と、それを支えた（と当人は信じた）「マニファクチュア説」という自縄自縛《じじようじばく》に陥ってしまうのである。

しかし、幕末のマニファクチュアが革命の主体はもちろんのこと、その経済的基盤を支えたという事実は、歴史のどこを捜しても出てこない。

「下級武士論」にしてからが、たとえ変革の担い手ではあったにしても、革命の「主体」と称するには、横のつながり、階級的団結を発見することは全く不可能なのである。

確かに変革の口火を切ったのは下級武士には相違ないが、それらはあくまでも各藩に散在した点と点の同志的集合であって、階層的、階級的結合でなかったことは、歴史の証明するところでもある。

つまるところ、服部之総の最大の学問的功績は、マルキストとしては非常に柔軟な歴史眼をもって、明治維新を「革命」として捉えるべく、マルクス史学の方法論を適用しようとしたにもかかわらず、遂にそれが不可能であることを逆証明してしまった点にあろう。

本来「学問」というものは、「結論」「新説」を発見することにのみ価値があるのではなく、次代の新しい発想、新発見へ結びつくべき、試行錯誤をくり返すプロセスにも、偉大なる学問的功績が認められてしかるべきはずである。

現代は「学問」が極端に矮小化《わいしょうか》される一方、個人的成果を競《きそ》う余り、非常にミミッチイ形の学問的業績ばかりが目立ち、次代に引き継がれるような、スケールの大きな研究というものに、乏しいような気がしてならない。

本来「学問」というものは、無限に続くリレーのようなもので、順番にバトンを手渡して行くところにこそ、その意義と価値が存するはずである。

服部之総は、マルクス主義史観をもって、明治維新を解明すべく悪戦苦闘を重ねた結果、遂にそれが不可能であることを証明してしまったわけであるが、それがいかに本人の「志」と異なったものであったとしても、その学問的良心、マイナスの学問的功績（すなわちマルクス主義理論をもってしては、明治維新を「革命」として捉えることはできないという）は、高く評価されるべきであるし、後代への偉大な暗示にも満ちているはずである。

こうした「マイナスの成果」というものは、ともすればないがしろにされがちであるが、後代はそれを公平に評価すべきであるし、その「成果」というものも充分汲み上げるべきであろう。こうしたことは、自然科学の分野ではすでに常識に属している。

例えば、「癌」細胞を根絶すべくある種の実験を重ねた結果、その方法ではどうしても根絶することができない、ということを逆証明することによって、次なる新たな発想を導くという具合に。

「円周率」というものが、遂に解けないものであるということが証明されたことによって、どれほど数学界に貢献したかはかり知れないものがあったように、服部之総の「明治維新」解釈に、私は多大の示唆を受けている。

「大政奉還」は計画倒産宣言

「明治維新」がもしも「革命」であったと仮定した場合、徳川十五代将軍慶喜《よしのぶ》が断行したあの「大政奉還」という、恐らく諸外国の歴史のどこにも見当たらない、外国語に翻訳できない事実を、一体どのように解釈すれば良いのか。

大政奉還の時点で、将軍慶喜は決して追いつめられてはいなかったのである。少なくとも江戸城を十重、二十重に囲まれて、開城、無条件降伏を迫られるというような事態には立ち至っていなかった。すなわち、武力的迫害を受けて大政奉還を行ったのではないのである。

そして、大政奉還以後はひたすら恭順に努め、多少なりとも政権に対する意欲のない旨を示すべく、必死の演技を行い、国内戦を極力避けるべく努力するのである。その結果、慶喜は「謹慎の身」とはなるが、切腹、打ち首とはならなかった。

このように、前政権の担当者が、武力的脅威、迫害を受けていなかったにもかかわらず、自発的に政権を返上するという、世界史上空前の政権交替が、果たして「革命」という名に価するかどうかが解明されない限り、明治維新の本質は分からない。

更に、政権交替の暁に、諸外国の革命のように、新政権担当者が旧政権担当者及びその一族を虐殺、誅殺《ちゆうさつ》したか。そうしたことは行われなかったばかりか、徳川慶喜は後に華族の筆頭・公爵に任ぜられる。そして明治三十一年三月二日には、かつての居城であった江戸城、千代田城に参内《さんだい》して、三つ組の御紋章銀盃一組を頂戴するのである。

こうした経過を、果たして「革命」という言葉で説明し得るであろうか。世界の「革命」において、こうしたことがかつてあり得たであろうか。

更に、慶喜の養子徳川家達《いえさと》は、明治、大正期を通じて「十六代様」と敬《うやま》われ、社会的に手厚く遇されたばかりか、今の参議院の前身である貴族院の議長をも務めたのである。

このように、前政権の担当者が、新政権の下で公爵に任ぜられ、あまつさえその子息が貴族院議長として、国家の要職に就く、そしてそれを国民の誰もが怪しまないという、わが国独得の政権交替のあり方を考えた時、これを「革命」、少なくともマルクスの考えた、あるいはレーニンの考えた「革命」と呼ぶことが可能だろうか。

ちなみにフランス革命はどうであったか。

ルイ十六世、マリー・アントワネット王妃は、ともに民衆の眼の前でギロチンにかかっている。ロシア革命はどうであったか。ロシア皇帝一族は、婦女子に至るまで陵辱《りょうじょく》の末に、どことも分からぬ場所で虐殺されているのである。

「革命」というものが、このように憎悪と残虐の果てに前政権担当者を抹殺し、そしてそれを喧伝《けんでん》することによって、新政権の正当性を確立するものであるとするならば、明治維新とは一体何であったのか。

思うに私は、明治維新は今でいう「会社更生法」の申請であり、適用ではなかったか、と考えている。

つまり、徳川十五代将軍慶喜は、自らを筆頭とする古い体質では、「日本株式会社」の「舵取り」、近代化、発展は望み得ないと判断するとともに、もしも新しい時代に適応した、有能な経営陣が乗り込んできてくれるならば、「日本株式会社」はまだまだ他社に吸収、合併、買収されることなく、充分に存続が可能であるという判断の下に、「計画倒産」を図り、会社更生法の適用を願ったのである。

大政奉還は、いわば「計画倒産」の宣言であり、慶喜はそれによって経営者の総入れ替えを図り、「日本株式会社」の活力が今一度、新しい体制の下に発揮されることを望んだのである。

そして、佐世保重工業の再建に来島《くるしま》どっくの坪内社長が乗り込んだように、「日本株式会社」の徳川社長の後には、京都の公家《くげ》、薩長土肥四藩の下級武士団が乗り込み、新しい重役陣を形成するとともに、「日本株式会社」の再出発に当たったのである。

"経営陣"入れ替えの立て役者

その間、旧社長に殉ずる者もあれば、新社長に尻尾を振る者もいるのは、人間社会の常であり、どんなに小さな個人商店の場合であろうと、経営者の入れ替えにトラブルは付きものである。いわんや「日本株式会社」の経営陣の総入れ替えともなれば、多少の騒動は避けて通るわけには行かない。それが戊辰《ぼしん》戦争の実態であって、ことごとく局地戦に止まり、いかに曲解しようとも「革命による内戦」とは呼べないのである。

その端的な例こそ、維新戦争の終焉《しゅうえん》を告げた榎本武揚《たけあき》の「五稜郭《ごりょうかく》戦争」であろう。榎本武揚は、将軍慶喜の大政奉還に対する不満と、「男の一分《いちぶん》」を立てるべく、幕府の軍艦を奪取して箱館の五稜郭に立て籠る。

ところが、五稜郭を包囲し、降伏を促す官軍に、榎本は「男の一分」を立て得た満足感をもって降《くだ》るのであるが、この官軍の出方が実に面白い。

いわば榎本は将軍慶喜の方針に従わないばかりか、旧政権の残存勢力を結集して、新政権に抵抗した憎むべき存在のはずである。それを力ずくで攻めることもしなければ、降伏の後に誅殺することもなく、更に後には明治新政府の大臣として登用し、そして子爵に叙《じょ》するのである。

いかに榎本が有能であったとしても、明治維新を「革命」として捉える限り、こうした事実は理解できないはずである。しかし、もしもこれを会社更生法の適用として捉えるならば、前社長に殉じようとした有能なる取締役を、もう一度新経営陣の一員として迎え、その手腕を発揮してもらうということはあり得る。

また、そう捉えることによって、関東平野を灰燼《かいじん》に帰するとか、日本列島を二分して戦うというような、「革命」的国内戦にはならず、経営陣交替のトラブル程度で事が済んだ成り行きが理解できるのである。

第一、将軍家お膝元の江戸の町ですら、上野の山に立て籠った彰義隊《しょうぎたい》を、大村益次《ますじ》郎《ろう》が数時間で鎮圧するという程度の小競り合いで済んだし、勝海舟による江戸城の「無血明け渡し」が行われたのである。

明治維新を「会社更生法」の適用と考えるならば、勝海舟は経営陣の入れ替えをスムーズに行った立て役者となるが、これを「革命」と考えるならば、彼は憎むべき「裏切り者」となるはずである。

明《みん》王朝が亡び、満州から清《しん》王朝が入ってくるに際し、明王朝の重鎮であった呉三桂《ごさんけい》は、明王朝に反旗を翻《ひるがえ》し、清王朝に媚《こび》を売り、自己保身を図るが、一時《いっとき》を過ぎるや、清王朝は呉三桂を抹殺してしまう。つまり、呉三桂こそは政権交替の手引きをした、軽蔑すべき「裏切り者」の典型なのである。

しかし、勝海舟はどうであったか。彼は経営陣の入れ替えを極力スムーズに行った後も、前社長に恋着《れんちゃく》する伝統派の暴発、巻き返しを未然に防ぐべく「重石《おもし》」の役を果たすとともに、その力をバックに、明治新政府にも睨《にら》みをきかせ、「御意見番」として終生、政権交替のアフター・ケアーに努めたのである。

この勝海舟の進退に対して、明治二十四年、福沢諭吉は『瘦我慢《やせがまん》の説』をもって弾劾《だんがい》したが、海舟は『行蔵《こうぞう》は我に存す、毀誉《きよ》は他人の主張、我に与《あず》からず我に関せずと存候』とのみ答え、福沢を一蹴している。海舟もやはり百年後の知己をまったのだろう。

「アヘン戦争」の教訓

「会社更生法」の申請に最も反対したのは、徳川社中随一の実力者、小栗上野介《おぐりこうずけのすけ》である。彼はフランスの資本と軍事力を導入し、幕府の復権と近代化を図ろうとした。しかし、フランスの動きをいち早く察知したイギリスは、今度はフランスを牽制《けんせい》すべく官軍、薩長側に肩入れを始めたのである。

もしも大政奉還が二、三年でも遅れていたならば、恐らく日本はフランス植民地たる旧政権側と、イギリス植民地たる新政権側に真二つに割れ、箱根か大井川かは分からないが、朝鮮半島の三十八度線のような悲劇は、避けられなかったに違いない。

そして、戦前の中国にあったような上海、香港といった租界《そかい》地が、長崎、神戸、横浜などにもでき、日本の主権は到底及ばなかったに相違ない。更に日本列島は各所に癌細胞を抱え、近代化はおろか、国家が二分され、国民同士が反目し合う事態も考えられたのである。

従って、明治期の急速な近代化の基礎は、実に「大政奉還」と江戸城の「無血開城」にあることは論をまたない。そして、それを実行した者こそ徳川慶喜であり、勝海舟であろう。

幕府側に、このままでは日本の独立さえ危ういという危機感があったればこそ、「大政奉還」という世界史にも例を見ない、大英断に踏み切ったのである。と同時に、官軍側にも坂本龍馬、中岡慎太郎を初め同様の認識があり、いわば大政奉還は両者同時構想の策であったのである。

なぜに両者ほぼ同時に同じ認識、発想に達したのかと言えば、それはフランスの存在であり、イギリスの存在である。そして何よりの教訓となったモデルケースは、中国の「アヘン戦争」（一八四〇〜四二年）であろう。

中国は百四十年経た今日でも、アヘン戦争の災禍《さいか》から完全に立ち直ったとは言えない。未だに国民統合、国家統一はなされていないのである。

現在は、幕末の志士たちだけが先覚者であったかのように考えられているが、幕府側にも時代を先見する人物はいたし、アヘン戦争の惨状に通じていたのは坂本龍馬だけではなかった。アヘン戦争の一部始終は直ちに書物となり、いち早く取り寄せられ識者の眼に触れていたのである。

従って、「第二の中国」化を懸念する国民的合意はできていたのであり、そういう危機感が、あの空前絶後のスムーズな「政権交替」に結びついたのでもある。

明治維新の知恵と日本の近代化

政権の交替に際し、幕府側で斬首《ざんしゅ》されたのは小栗上野介と近藤勇である。あの榎本武揚すら許されているのに、この二人だけは遂に許されることがなかった。

小栗上野介は有能な政治家でもあり、先見の明ある人物でもあったのだが、「日本株式会社」が最も危殆《きたい》に瀕《ひん》することなく、事態を収拾すべき「詰め」の段階で誤った。幕府側の重鎮としての立場が、大局的見地を奪ったものであろう。ということは、官軍側にとっては、秘密警察の隊長たる近藤勇ともども、最も許せざる人物ということになるわけである。

こうした幾人かの斬殺と、戊辰戦争、あるいは会津若松落城の悲劇などという、政権交替のトラブルは各所で起こったが、「内乱」「革命」に展開することなく、比較的スムーズに事態は収拾され、「藩」という垣根が取り払われ、初めて「日本」という国家概念ができあがったのが、「明治維新」の全貌である。

「革命」にあらずして、単なる政権の交替であっただけに、社会機構、官僚機構は破壊されることなくそのまま保持され、以後の明治新政府の改革政治に、大いに役立ったのである。

そして「版籍《はんせき》奉還」「秩禄《ちつろく》処分」「身分制撤廃」「廃藩置県」「国民皆兵制」等々、明治新政府の骨格をなす機構、制度が矢継ぎ早に断行され、明治十八年頃までには完全に国家体制が整い、国家の隅々まで統一され、有機的に機能する近代化が、まさに驚くべき迅速《じんそく》さで達成されたのである。

これらは全て、「大政奉還」という未曾有《みぞう》の政権交替によるものであり、その主因は、嘉永《かえい》六年の浦賀に出現した「黒船」、すなわち、「たった四杯（四隻）で夜もねられず」と狂歌にあるような、「外圧」によるのである。

わが国のマルクス主義歴史学者諸君が、最も切歯扼腕《せっしやくわん》するのもこの点にあり、日本の歴史のどこを捜しても内発的変革、「革命」というものが見当たらず、「外圧」に対しても、それを革命に結びつけることなく、トップの交替とか、組織の変更で切り抜けてしまうことに対する呪詛《じゅそ》、怨念《おんねん》の表明にしか過ぎないのが、戦後左翼史家の「史論」の全てである、と言っても過言ではなかろう。

私に言わせれば、むしろ「革命」によってしか、国家の体質を転換できない諸外国の例が、政治的には拙劣《せつれつ》のように思えるのだが。流血の外科手術だけが、病根を断つ方法でないことは、わが国の明治維新が実証していることでもある。

革命でなかったからといって、明治維新の価値が減じられるものでもあるまい。むしろ、革命でなかったからこそ、会社更生法の申請たる「大政奉還」という、世界に冠たる日本独得の知恵が、あたかも符節を合するが如く、新、旧両方の側に同時に発想され、最も適切な時期に遂行されたことにこそ、偉大な価値が認められるはずである。

当時の日本はまるで後進国のように喧伝されているが、産業革命に遅れること五十年に過ぎないのである。だからこそ、十八年間で取り戻すことが可能だったのである。

もしも黒船の来航が十年遅れていたり、明治維新が十年遅れていたならば、日本の近代化はそれ以上遙かに遅れたはずであると同時に、流血と犠牲は明治維新の比ではなかったはずである。

現在、発展途上国はわが国の近代化に学ぼうとしているようだが、わが国の明治維新の中にこそ、学ぶべきことは多いはずである。と同時に、われわれ日本人自身も、左翼史家の言動に惑《まど》わされることなく、明治維新に発揮された「日本人の知恵」というものを、もう一度考えてみる必要があるだろう。

現実は常に公式からはみだす。
アンリ・ファーブル『昆虫記』

2　リーダーと青写真のない躍進

近代化推進の原動力

明治維新後、ようやく日本は近代文明、近代産業の時代を迎える。

「現代まで続いている日本の発展は、明治元年から十八年までの間に、そのほとんどの基礎が作られた」というのが、高橋亀吉《かめきち》（経済評論家）の説であるが、これは経済ばかりでなく、政治、文化のあらゆる分野を振り返って見ても、当てはまることで、大体明治十八年頃には、日本国家の一応の骨格作りは終わっていた。

その詳しいことは、高橋亀吉の『日本近代経済の育成』（時事通信社）の中に、簡潔に論じられているし、拙著『人間通でなければ生きられない』（ＰＨＰ研究所）の高橋亀吉の章でも敷衍《ふえん》してあるので、ここでは再説を避けながら、今後の「日本のあり方」に焦点を絞って、明治初期十八年間の「近代化の基礎作り」が、一体どのような性格のものであったかを考察してみることにする。

まず最初に考えなければならないことは、たった十八年間で、産業革命以降五十年間の先進国の近代化をことごとく模倣し、かつそれを効率的に達成した日本人の「知恵」は、一体何に由来するものであるか、ということであろう。

その際誰でもが考える焦点は、リーダーは一体誰であったかということであろう。しかし、実に面白いことに、この時期の日本には、傑出したリーダーはほとんどいなかったのである。

例えば大久保利通《としみち》は、明治十一年、紀尾井坂で暗殺され、大隈重信《おおくましげのぶ》は明治十四年の「政変」で政府から追われ、西郷隆盛は周知の如く、明治十年、城山に斃《たお》れていたのである。従って、どうしても中心となるべき、傑出したメンバーは見当たらないのである。この時代も江戸時代の延長で、「リーダーなき躍進の時代」と言うことができる。

むしろ、強力なリーダーがいなかったからこそ、各方面、各分野に人材が輩出し、それぞれが各パートを責任を持って分担し合いながら、結果として国家的躍進が果たされた、と考える方が妥当であろう。

また、この時代はリーダーに限らず、近代化の確たる「青写真」すらなかった時代でもある。すなわち、日本人全体が暗中模索をくり返しながら、自分の置かれたパート、立場を自覚し、手探りで前進してきた時代なのである。その熱意、勤勉、誠意の統合されたものこそ、あの急速な近代化推進の原動力に他ならないだろう。

つまり、明治初期十八年間の、リーダーもいない、青写真もなかったにもかかわらず、後代に続く近代化の基礎が、ほとんど確立されたその主因は、一にかかって国民の全体としての「能力」によるのである。

しかもその能力も、諸外国に較べて平均化していたということが、暗中模索の中にも、最も効率的に、近代化を推進できた原因であろう。

模倣と独立心

しかし、当時は、欧米先進国という「モデル」はあったのであり、全くの「無」から近代化が生じたのではない。ただ、言えることは、そのモデル通り、忠実に模倣したのではないということである。

日本は「模倣の国」と、自他ともに認めているようなところがあるが、「モデルはあくまでもモデル」という認識は、常に保持していたのであり、これは歴史的にも実証され得る、わが国の「国柄」とも言える。

従って私は、「第一次石油ショック」（一九七三年）こそ、日本の歴史を大きく二分する、エポック・メーキングではなかったかとさえ考えているのである。つまり、「モデルのあった時代」と、「モデルのない時代」に大別されるであろうということである。

それほどわが国の歴史は、先進国というモデルと切り離して考えることは、不可能なのである。

古代以来、近世に至るまでのモデルは中国であった。「勉強」をするということは、すなわち中国の書物に通じることであり、詩といえば漢詩のことであり、学者といえば漢学者のことであった。かくまで中国崇拝は徹底していたのである。

江戸の漢学者が引越しをするに際し、少しばかり西の方角に当たっていたことから、「聖人の国に近くなった」と言って喜んだという笑話があるほど、中国崇拝は日本人の「骨絡《ほねがら》み」であったのである。

にもかかわらず、中国宮廷の「宦官《かんがん》」という制度は、模倣するどころか、徹底的に嫌った。全てがモデル通りというわけでもなかった証拠のひとつである。

事程左様に、中国に学び、師と仰ぎ、また中国からも大勢の僧、学者、文化人がやってきて、わが国の政治や学問を指導したが、遂に彼等を国家の要職に留め、それを世襲化するということは、起こり得なかった。

むしろ、徹底して彼等に学び、その精髄を摂取し、その中から優秀な者を政治、経済、文化等各界の要職に据《す》えるという方式がとられたのである。

同様のことは、明治期の「お雇い外国人」についても言える。当時は、日本人の給料の十倍にも匹敵する莫大な契約の下に、先進諸外国から、学者ならば、東京帝国大学の教授として、技術者ならば、各企業の顧問としてという具合に、盛んに「お雇い外国人」を招聘《しょうへい》したのである。

しかし、この場合にも、「お雇い外国人」は任期も短期間限りであって、それが世襲化するということはなかった。

その間、「お雇い外国人」に徹底的に学び、吸収し、一日も早く後継者をつくろうとしたことは、例えば、東京帝国大学の初代の教授は、ほとんど「お雇い外国人」であったものが、やがてその卒業生に、取って代わられて行ったことにも現れている。

こうした「独立心」こそ、明治の近代化を支えた根本であったことは、論をまたない。モデルに学び、それを修正し、日本化しながら、やがてモデルを陵駕《りょうが》して行った過程こそ、わが国近代化の歴史であり、それを支えたものは、日本人の「能力」であり、「勤勉さ」であり、「独立心」であったのである。

「隣百姓」の連帯意識

こうした日本人の対応の早さが、外国人の眼には「性急さ」「気の短かさ」に映ってしまうようである。しかし、これは、日本列島の地理的、風土的条件によるものであろう。というのは、日本の四季の推移は、截然《せつぜん》と区切られているのではないのである。

例えば、冬物のセールが始まるのは夏の盛りであり、秋に入るや早くもバーゲンセールされ、水着ショーは冬の真最中に催されるというように、日本人は常に先の季節のことを考えて、衣類、その他のあらゆる生活条件を、整えておかなければならない。

「三寒四温」という言葉に象徴されるように、行きつ戻りつの季節の推移の中にあっては、今日暖かくても、明日は再びコートを着なければならないかも知れない。

このように、常に先へ先へと先手を打って、対処していかなければならないのが、日本列島に生を享《う》けた者の宿命なのである。

それから、「隣百姓」という言葉があるが、もっともこれは、現在のような「石油農業」以前の言葉であるが、これは、隣が種蒔《たねま》きを始めたら、自分のところも種蒔きを始め、隣が苗代《なわしろ》作りを始めたら、自分も始めるというように、常に自分の周囲に眼を配り、「隣」に遅れまいとする連帯意識、共同意識を端的に表現した言葉であるが、こうした意識と勤労意欲の相乗作用が、明治初期の近代化を、極めて短期間で可能にした根本ではなかったかと思われる。

内藤湖南は、日本文化の独立期を鎌倉時代に求めている。日本は有史以来、中国文化の圧倒的支配下にあったが、「中国文化は中国文化、日本文化は日本文化」という意識を持ったのは、確かに鎌倉期であって、その契機となったのは「元寇《げんこう》」(一二七四年、八一年)であろう。

湖南説の通り、鎌倉期は、文学、絵画、彫刻等あらゆる分野において、制作する側も鑑賞する側も、明確に「日本的なるもの」を意識した最初の時代である。

「元寇」によって、それまでモデルであり、師であった中国の軍勢を、「神風」というものがあったにせよ、撃退することができたことによって、初めて日本の精神的独立は確立された。その端的な現れは、北畠親房《きたばたけちかふさ》の『神皇正統記《じんのうしょうとうき》』（一三三九年）であろう。これは、文章の形をとって現れた日本国家の独立宣言、独立意識の結晶と言うことができる。

こうした伝統的独立意識、勤労意欲、連帯感というものが一丸《いちがん》となって、リーダーと青写真のない明治の黎明期《れいめいき》を、日本人の全てがともに「御輿《みこし》」を担ぐという、日本的形態において発現された趨勢《すうせい》こそ、急速な近代化の基礎をなしたところのものであろう。

教育制度は明治初期に確立された

と同時に、日本人が伝統的に重視してきた、「教育」という要因も忘れてはならない。教育の普及による平均化した能力の高さこそ、明治初期の国家統合、近代化に与《あずか》って大なのであるから。

日本人は伝統的に教育に熱心であるが、明治新政府も、教育には心血を注いだ。今日、文盲率の低さでは世界に冠たるわが国の教育の普及も、実に明治初期の教育制度の確立によるものなのである。

明治二十八年（一八九五年）には、当時の代表的な出版社である博文館《はくぶんかん》が、『太陽』という雑誌を創刊している。これは、今でいう総合雑誌の魁《さきがけ》で、高邁《こうまい》な思想から、日常生活のハウ・ツウまで、例えば、国際情勢から「ニワトリの飼い方」まで、あらゆる情報を網羅するという方式を考案し、発刊したものであり、その部数も、スエズ以東最大を誇ったのである。

当時は、スエズ運河が東西文明の分岐点であり、西側は近代文明の国ヨーロッパであり、東側は野蛮な未開地というように理解されていたが、そのスエズ以東最大の発行部数を誇る総合雑誌が、明治二十八年には堂々とわが国で創刊されているのだ。

ちなみに、私の手許にある『太陽』創刊号は、表紙に第十版と刷ってある。つまり、最初の部数では足りなくて、二版、三版と版を重ね、遂に十版まで刷ったということである。それほど博文館の『太陽』は、出版社の予想を遥かに超えて、全国津々浦々の読者を獲得したということであろう。

「書物を読まない者は一人前ではない」という国民的風潮が、近世以来着々と進行していた上に、明治政府の教育重視施策が重なり、出版文化は一挙に開花するのである。

新聞も先を競って読まれた。当時はまだ、各家庭で新聞を購読するほどの余裕はなく、

「新聞縦覧所」へ立ち読みに出掛けるというのが一般的であった。それも、向学心旺盛な青年、中年男性が多かったところから、それを相手に売春婦がたむろするという現象まで惹起《じやつき》し、新聞縦覧所は風俗紊乱《びんらん》の元凶とまで言われるほどに、新聞は読まれたのである。

現在、発行部数において、世界に冠たるわが国の新聞の隆盛は、実に、明治初期にその源を発するのである。

『女工哀史』の見落とした物

歴史に誤解は付きものだが、ひとつだけ糺《ただ》しておきたいことがある。大正十四年（一九二五年）に、細井和喜蔵《ほそいわきぞう》が『女工哀史』（岩波文庫）なるルポルタージュを著し、その中で、明治、大正年間の紡績工場の女工たちが、いかに虐待され、非人間的扱いを受けたかということが、綿々と描出されている。以来今日まで、それは、悪魔の如き資本家の搾取、略奪の記録であるというように、読まれ続けてきた。

あるいはまた、『野麦峠』のような映画ともなって、女工の悲惨というものが謳《うた》い上げられてきた。確かに事態はそうであったろう。しかし、明治という時代は、資源のないわが国にとって、何よりもまず、紡績工業をもって「原始蓄積」の根本とし、近代工業化を図らなければならない時代であったのである。

従って、「女工」というものが初めて、労働力として社会化したのでもある。確かに細井和喜蔵が描くように、女工の労働は厳しかったし、結核で夭折《ようせつ》する女工も多かったが、少なくとも「女工」になることはできたわけだし、そこから日本の労働市場が拡大され、多くの人が生きて行くことも可能となったはずである。

江戸二百八十年間を通じて、日本の人口は全く増加していない。これは、出生しても直ちに間引《まび》かれたからである。つまり、子供を扶養する生活的余裕がなかったのである。当時、中条流《ちゅうじょうりゅう》と呼ばれた婦人科医と助産婦の一派がいて、暗黙の了解の下に、生まれた瞬間に殺してしまったのである。

生産力の範囲内の人口に止まらなければならないのは、いつの時代でも同様である。江戸時代の貧弱な生産力では、出生率の高さに、食糧事情が追いつかなかったのである。また当時は、妊娠率も極めて高かったはずである。「夜なべ」をしようにも、灯火の油代と比較して、経済効率は決して良くなかったのである。

従って、太陽の運行とともに送る生活形態の中で、妊娠率はいやが上にも高まって行ったはずなのである。それをそのまま放置すれば、日本列島は人口過剰に陥り、飢餓《きが》状態を現出してしまうのは理の当然である。

生まれた子供を全て育てられる豊かな時代になって、昔の条件に論評を加えることは、歴史意識の欠如というものであろう。その時代にはその時代の条件というものがあり、その条件に即さなければ、人間は生きて行けなかったのである。

江戸時代の「間引き」に、現代から論評を加える前に、想像力を駆使して、当時の「水子供養《みずこくよう》」や「石地蔵」に思いを致すことの方が先決であろう。江戸二百八十年間を通じ、本来増加してしかるべき人口が、全く増加していないところに、当時の厳しい条件があったのである。

ところが明治に入り、紡績工場ができ、「女工」という労働需要がもたらされたことによって、本来間引かれるべきはずであった者が、間引かれずに済む時代が到来したのである。細井和喜蔵が描くように、女工たちは過労と結核で、三十そこそこで死んで行ったかも知れないが、そして、それは気の毒なことではあったけれども、しかし、過労と短命ながらも辛《かろ》うじて生を享けることができたのであり、その上での生きる辛さもまた、明治という時代条件の、やむを得ざるところであったのである。

当時のわが国の紡績業は、外国から高価な機械を輸入した以上、二十四時間フル操業を行わなければ、経済効率を上げることができなかった。

従って、昼夜兼行の三交替、四交替制もやむを得なかったのである。細井和喜蔵は、女工たちは「籠の鳥」と称され、寄宿舎に閉じ込められ、過重労働を強《し》いられたと言うが、寄宿舎を建て、そこに住まわせることができ、間引かれもせずに、生き延びることができたということには、全く眼をつぶっているのである。そういう時代が、明治になって初めて到来したということには、ほおかぶりしているのである。

現在の感覚を、過去にそのまま当てはめ、評価を下す史家は、常に歴史を過《あやま》つ。

時代を観る真の歴史眼

更に、細井和喜蔵の『女工哀史』は、煽動の為の強調であって、真実の底の真実を語ったものではないということも、付け加えておかなければならない。当時の労働者に不満を植えつけ、革命の戦士として立ち上がらせようとする、政治的意図の下に記《しる》された書であって、正しい意味での歴史書にはほど遠い。

つまり日本の資本家がいかに労働者を虐待したか、という面だけを誇張することによって、「社会革命」「政権奪取」を志向する党派の、宣伝文書に過ぎない。『女工哀史』が、あたかも、歴史の真実であったと信じるかのような風潮、一部史家の言説というものは、訂正されなければならないだろう。

明治という、間引かれずに済むようになった時代、しかし、天寿を全《まっと》うするほどには、社会が豊かではなかった時代、これは、日本の歴史が、一度はくぐり抜けなければならなかった過渡期であったのである。

明治期の資本家が、特別理不尽に搾取したということではない。世界中、どこの国においても、近代産業の勃興期には、「原始蓄積」は行われてきたのだし、必要やむを得ざる過程なのである。工場収益を全て分配していたら、産業の発展はあり得ないし、日本は永遠に『女工哀史』の時代を抜け出せなかったはずである。

『女工哀史』の時代があり、「原始蓄積」が可能となり、近代産業への脱皮も可能となり、労働者の生活も豊かになり、国家が富むという歴史的な方程式に、「悪徳資本家」弾劾論の入り込む余地はあるまい。

もしも女工たちの待遇が、年代をおってますます悪化して行ったというのなら、資本の横暴ということも言えるだろうが、わが国の産業史を見る限り、資本の蓄積を重ねながら、軽工業から重工業へと発展し、それにつれて待遇も改善されて行っているのである。左翼史家の好んで使う、「資本の横暴」というものがもしもあったとすれば、それは愚かな資本家であって、そういう類《たぐい》は常に歴史に淘汰される運命にある。

人類史上、原始蓄積という、やむを得ざる、苦しい過渡期があったということを、冷静に考えられない現代感覚は、傲慢《ごうまん》な思い上がりであろう。歴史を、その時代の条件に則《のっと》って考えるという、真の歴史眼を失った戦後の社会科教育は、人間の歴史に対する敬虔《けいけん》さを全く失ってしまったようだ。

明治の課題は、不平等条約の是正にあった。それが成るのは、明治三十年代に入ってからであるが、そこで日本は名実ともに国家的独立を果たしたと言える。本来ならば半世紀、一世紀を要すべき難しい時代を、わずか三十年で一気に駆け抜けたわけであるが、その原動力が国民の「能力」にあったことは、すでに述べた通りである。

伊藤博文と渋沢栄一

当時のわが国に、傑出したリーダーはいなかったと前述したが、明治を語る場合、どうしても避けて通れない、二人の偉大な「調停者」がいる。一人は実業界における渋沢栄一であり、いま一人は政界における伊藤博文《ひろぶみ》である。

伊藤博文は、決して強力なリーダーシップを発揮したわけではないが、天才的な調停能力に長《た》けており、政治の動向、バランスを絶えず調停しながら、最も効率的に政治の舵《かじ》取りが行われるべくはからった人物である。

同様の役割を経済界で果たしたのが、渋沢栄一である。渋沢栄一は生涯、財界の相談役、調停役として活躍し、銀行の設立、会社の創立には必ず乗り出して行って、資本の結集を考え、しかし決して一人の資本家の独占にならないように配慮し、運営が軌道に乗ると手を引き、また新たなる事業の展開を図るという、世話役に徹したのである。

渋沢栄一は、自分の関係した銀行、事業を大きく体系づけて、一大財閥にしようと思えば可能な人物であったが、遂に「渋沢財閥」というものはつくらなかった。

私費を投じて、徳川十五代将軍慶喜《よしのぶ》の厖大な伝記を作り上げたり、旧徳川家の遺臣たちを、政界へ、実業界へ、教育界へと、それぞれ活躍の場を得せしめ、人材を活用し、配分するという、幅の広い調停役を果たしたのである。

明治という時代を考える時、政界の伊藤博文、財界の渋沢栄一という二人の偉大な「調停役」の存在は無視できない。こうした私利私欲にとらわれない、常に日本国家全体の政治や経済のバランスを保つべく「調停役」に徹した存在が、明治の屋台骨を支えてきたとも言える。

日本は第一次石油ショック以後、遂にモデルと模範のない時代を迎えた。つまり、いつの間にか、先進国の先端に位置してしまったのである。当然、今後の「青写真」もなければ、「海図」もない。

こうした暗中模索の時代を迎えて、明治の前半期に思いを馳《は》せれば、自《おの》ずから時代をリードして行くべき「人間像」は、浮かび上がってくる。それは、強力なリーダーでもなく、傑出した人物でもない。私利私欲のない「調停役」であろうと思われる。

その「調停役」の下に、それぞれが地位と場所を得て、その能力をフルに発揮しなければならない時代に、すでに突入しているのではなかろうか。「海図」のない現在、大は国家から、小はどんなに小さな組織、職域においても、「調停」に生き甲斐と誇りを感ずる、私心なき調停役の有無が、日本の将来を決定するであろう。

日本人は、私心なく身を乗り出してくる人物がいれば、「やる気」を起こす民族なのである。もしも、調停役不在のまま、好き勝手に、我《が》の赴《おもむ》くままに放置するなら、日本人の能力は相殺《そうさい》され、新たな躍進は望み得ないであろう。

従って、使命感に燃えた「調停役」の有無が、明日の日本の死活を決するであろうとともに、そうした人物こそ、新しいタイプのリーダーと呼ばれるべきであろう。そのモデルケースとして、明治前半期をもう一度見直してみてはどうだろうか。

旧を脱して新に就き、駸々たる進歩は実に出藍の喩に漏れず。

福沢諭吉『福翁百話』

3　昭和の禍根はどこからきたか

「明治の世代」の現実感覚

明治の政局を背負い、日清、日露の両戦争を遂行した世代層と、日露戦争以後、大正期から昭和、終戦にかけて日本の舵を取った世代層との間には、根本的な隔絶、断絶がある。

かりに、前者を「明治の世代」とし、後者を「大正の世代」と呼ぶなら、「明治の世代」の最大の特徴は、常に、政治的、経済的、社会的目標を、明確に意識していた点にある。

しかも、その目標も、実現不可能な無限の彼方《かなた》に想定するのではなく、極めて至近距離に、常に冷静に計算し得る、実現可能な範囲内に止めていた。「明治の世代」が、急速に近代化を達成できたのも、目標の遠大さにあったのではなく、むしろ、目標を身近に置き、一歩一歩着実に達成して行った、積み重ねの結果である。

ローマが一日にしてならないことを、また、目標というものは、遙かな未来、ユートピアに基づくべきものではないことを、「明治の世代」は明確に自覚していた。すなわち、彼等は「現実家」であったのである。

それは、彼等の日清、日露両戦争における、周到な準備の中に躍如としている。まず、国民に充分なる大義名分を示すべく、世論を喚起することから始めたのである。だから、日清にしろ、日露にしろ、戦争の勃発は、国民にとって、「寝耳に水」でもなければ、思いも寄らぬ「偶発事」でもなかったのである。

「いずれ清国とは、朝鮮半島をめぐって、事を構えなければならない」し、また、「それを避けて通ることもできない」という、日本の現状に対する認識は、国民の各階層に、あまねく行き渡っていた。

故に、日清戦争は、国民感情からしても自然の成り行きであり、完璧に遂行されることこそ、国家の命運にかかわる重大事であるという、ナショナル・コンセンサスはできあがっていたのである。更に、こうした国民的合意を形成しつつ、臨戦態勢に入るに当たって、「明治の世代」が示した現実感覚には、多くの教訓が含まれている。

限界と終結点を知っていた戦争

それは、日清、日露両戦に共通して言えることだが、思想界、言論界にあった非戦論、反戦論に、政治的圧力を加えなかったということである。従って、非戦論者、反戦論者は堂々と論陣を張り、そしてそれを、国民も決して非国民扱いすることなく、政府もそれを罪悪視しなかったのである。

つまり、「明治の世代」は、国民の全てに発言させ、世論の動向にまつという「大人の姿勢」を示したのである。そうした余裕のある姿勢を保つことができた根本は、現実認識に裏打ちされた「自信」であろう。当時の国際情勢、国内事情を勘案《かんあん》すれば、「日清、日露戦やむを得ず」という国民的合意に、結局、達せざるを得ないだろうという現実的「読み」と「確信」である。

必死になって、非戦論、反戦論を弾圧したり、言論を封殺しなければならない時代というのは、逆に、国家目標、国是が明確でなく、そうした言論が、政体のどこかに、致命的に突き刺さるという危機感の現れであり、根本的には自信の欠如の現れである。

私は常々、わが国に戦争の名に価するものは、二度しかなかった、日清戦争と日露戦争だけである、と考えている。第一次世界大戦時の出兵は、わが国の権益の増大にはつながったけれども、これは戦争というよりは、根本的には「便乗」であり、言うなれば「火事場泥棒」であった。

昭和期に入ってからの一連の「事変」は、全て「暴発」であり、目的も、目標も、限界もなく、いつ果てるともない泥沼に落ち込んで行った自爆行為であり、とても「戦争」と呼べるものではない。

それに対して、日清戦争と日露戦争の場合は、明治政府は賢明にも、戦争の限界点と終結点に対する明確な青写真を持っていた。すなわち、わが国力の限界を知り、どこで切り上げるべきかという終結点を、はっきり意識しながら、目標に向かって、最も効率的に駆け抜けようとしたのである。

それは、いわば、ゴールのはっきりしているマラソンであって、いかに効果的に走り抜けるかが、最大の眼目であったのである。その最も典型的な例は、日露戦争である。

日露戦争は国家目標

日清戦争の後、ロシア、ドイツ、フランスの三国干渉が行われ、清国と日本の間に締結された媾和条約に、「遼東半島還付《りょうとう》」という、無理無体を要求してきた。以来、「臥薪嘗胆《がしんしょうたん》」が日本のスローガンとなり、きたるべきロシアとの一大決戦は、避けて通れないという国民的合意と国家目標が、十年間にわたって醸成され続ける。

今日、一部の史家は、「臥薪嘗胆」は、明治政府が意図的に捏造《ねつぞう》したものだと言っているが、当時の新聞、雑誌等を見れば分かるように、これは明らかに当時の国民感情であった。

あるいは、非常に皮肉な見方をすれば、三国干渉は、明治政府にとって、「天の助け」であったかも知れない。

なぜならば、理不尽な三国干渉が、わが国力の脆弱《ぜいじゃく》さ、国際政局における発言力、政治力のなさを、わが国民の前に曝《さら》け出したことによって、逆に、国民意識の高揚を図ることができたわけであるから。

事実、三国干渉以来、「国力増強」が官民挙げてのわが国家目標となり、その為の

「臥薪嘗胆」が、国家的スローガンとなったのである。シニカルな表現が許されるならば、恐らく伊藤博文《ひろぶみ》は、三国干渉という外圧を、内心小躍《こおど》りして歓迎したのではないかとさえ想像される。

それほどに三国干渉は、わが国民を結束させ、「日露決戦」という直近の国家目標に向かって、世論が沸騰するという政治的効果を果たしたのである。このように、日露戦争に関する限り、国内世論はまさに遺漏《いろう》なき状態にあった。しかも、その世論に支えられて、きたるべき「日露決戦」という国家目標に向けて、十年間にわたる国力増進計画が、スムーズに運ばれたのである。

と同時に、見逃してならないのは、この時期、すなわち明治三十年代は、「明治的なるもの」「明治的文化」というものが、初めて独立した時期でもあり、文化的にも国威発揚期にあったことである。

それまでは文化の輸入期であって、東大の教壇では、お雇い外人教師が英語で、あるいはドイツ語で講義を行っていた。その時期が完全に過ぎて、和製プロフェッサーの第一世代が続々と登場した時代であり、近代文学の夜明けとも言える、自然主義文学の萌《ほう》芽《が》期でもあるというように、文化界全体が躍進期にあった。

こうした時代背景の下に、日露戦争の準備は着々と進められたのであるが、その用意周到ぶりは驚嘆に価する。例えば、厖大な戦費を調達する為に、外債の発行を企てる。その為に、高橋是清《これきよ》（後に日銀総裁、蔵相）、深井英五《えいご》（後に日銀総裁）をロンドンに派遣し、国際世論に訴え、国を挙げての海外宣伝活動の末に、遂に外資調達に成功するのである。

その一方、明治政府は、明石元二郎《あかしもとじろう》（後に陸軍大将）に代表されるようなスパイ活動も盛んに行った。明石元二郎は、相当な革命資金をレーニンに供給し、もってロシア国内の安寧秩序を紊乱《びんらん》すべく、暗躍するのである。もっともこれは、明石元二郎の回想録に、かすかに触れられているに過ぎないが、レーニンがその資金を受け取ったことはほぼ間違いないし、そうしたスパイ活動をもって、敵国の心臓部を揺り動かすべく暗躍したことも確かである。

更に、金子堅太郎《けんたろう》（後に枢密顧問官）をアメリカに派遣し、ルーズベルト大統領に、あらかじめ「タオルの投入時期」を見はからってくれるよう、依頼しておくのである。

つまり、これ以上、日本に戦争を継続する国力がなく、しかも、最も効果的に戦争を終結できるような、ぎりぎりのところでタオルを投入し、講和条約に持ち込めるような時点を見出すべく、ルーズベルトに頼んでおいたのである。これこそ、国力の限界を知り、戦争の終結の時期を考慮に入れた、真の意味での戦争というものであろう。

際限のない、成吉思汗《ジンギスカン》的野望は、暴発、侵略ではあっても、戦争とは言えまい。少なくとも、目標と限界を自覚した上で、更に、終結の時期とタイミングを設定しておくのが、近代戦争というもののはずである。

「明治の世代」の偉大なところは、その点を良くわきまえていたことにある。従って、堺利彦《さかいとしひこ》（社会主義運動家）、内村鑑三（無教会派のキリスト者、思想家）の非戦論にも、また、旅順攻略の「血の犠牲」にも、国民は動揺することもなく、反戦気運も生じなかったのである。

「大正政変」の二つの因子

日本の悲劇は、日露戦争以後に訪れる。発端は、十年の臥薪嘗胆の末に、挙国一致して当たった日露戦争の勝利にもかかわらず、戦利が乏しく、国民感情を納得させることができなかったところに始まる。

ポーツマスから帰ってきた小村寿太郎《こむらじゅたろう》が、東京駅に降り立つことができないほどの、国民的反発を招いてしまった。この時になぜ、政府は国民に対して、理性的に、合理的に、事の成り行きを、事実をもって説得することができなかったのか。この辺りから、日本の政治家の現実感覚は、微妙に狂い始めるのである。

日比谷公園の講和条約反対国民大会に続いて起こった「日比谷焼打ち事件」(一九〇五年九月五日)を皮切りに、国民の暴動は続発した。「暴動」というものは、必ず煽動者《せんどうしゃ》がおり、計画者があってのものであるが、今までのところ、当時の「黒幕」は、未だ歴史に浮かび上がってきていない。

いずれ真相の解明される日はくると思うが、少なくとも政府側の対策として、戦争終結からポーツマス条約締結に至る過程の中で、なぜに大幅な譲歩をしなければ、戦争を収めることができなかったのかという、国民に対する説得、アピールには欠けていた。

わが国力の限界を示し、国際世論上、これ以上の成果を求めることは、元も子もなくすに等しいということを、全精力を傾注して説得したならば、恐らく国民は納得したはずである。その点において、桂《かつら》太郎首相は、後の日本の歴史に、致命的な禍根《かこん》を残してしまったのである。

それが、大正の「政変」にもつながって行く。桂太郎は一旦《いったん》政界を引退し、内大臣になっていながら、再び内閣を組織しようとした。それに対する猛烈な反発が、大正政変となって噴出し、その結果、大隈重信《おおくましげのぶ》が老骨に鞭打って組閣することになるのだが、桂太郎組閣に対する猛反発こそ、実は、日露戦争終結時の政治的失敗に遠因があったのである。

すなわち、当時は「焼き打ち」程度で事は済んだが、桂太郎に対する国民的怨念《おんねん》は、深く内蔵されていて、大正の再組閣という時になって、その国民感情が一挙に暴発したのである。

後世、大正政変は、「民主主義の目覚め」というように解釈されているが、私はそうは思わない。大正政変には二つの因子がある。ひとつは、日露戦争終結時における、桂太郎の政治的失敗に対する怨念、情念の暴発という因子。

いまひとつは、一旦引退した者が、再び檜《ひのき》舞台に登場してくることに対して、異様な反発、嫌悪感を抱くという、わが国民性という因子である。

すなわち、日露戦争の戦果の少なさ、桂太郎の政治的無力に対する弾劾の気持が、何年間も伏在していたところへ、引退した者の再登場という、わが国民性として、あり得べからざる事態に対する国民的忿懣《ふんまん》が、一挙に噴出したものこそ、大正政変の真相であろうと、私は解釈している。

「大正の世代」が残した禍根

と同時に、大正政変には、以後、わが国の政治の流れが、完全に転換したというもうひとつの側面がある。日露戦争までのわが国の政局を担当した「明治の世代」は、「藩《はん》閥《ばつ》政治」という言葉に象徴されるように、薩摩藩、長州藩出身者によって、国家の要職はことごとく独占されていた。

そして、日露戦以後、漸次《ぜんじ》、薩摩閥、長州閥の力が衰えかかっていたところに、「止めの一撃」を加えたのが大正政変であり、以降、日本の政治の流れは方向を変えるのである。

つまり、日清、日露戦までは、薩長閥を中心に、明確な国家目標に向けて、一気呵《いっき》成《かせい》に駆け抜けてきたが、日露戦争終結とともに、国家目標は急速に失われて行くのである。それは当然のことで、三国干渉以後、日露戦争に至る「奇蹟の十年間」が、あまりにも至近距離に、あまりにも明確に、国家目標として意識されていたが為に、戦争終結とともに、その反動として、虚脱状態がやってきたのである。

と同時に、薩長の人材もほぼ底を突き、長期にわたった「藩閥政治」への倦怠《けんたい》感も、表面化してくる。そして、大正期に入ると、藩閥政治への反省、政治構造の変革が叫ばれ、「大正デモクラシー」となって顕現《けんげん》するのである。

これを「民主化への動き」と捉えることも可能だし、事実、明治政体への反省、修正、再編という、前向きの論議であったことも確かなのであるが、それが後の歴史に結実したかと言えば、皮肉にも逆効果をもたらしてしまった。

太平洋戦争の禍根は、全て大正期に萌《きざ》しているのであって、もしも当時「大正の世代」が、その禍根を断つべく適切に処置していたならば、あの破滅的な事件は回避できたかも知れない。

「女の値打ちは、物の塩梅《あんばい》を知ること」であり、「男の値打ちは、事の軽重を知ること」にあると、昔から言われているように、少なくとも政局を担う者は、眼前の現象形態にとらわれず、「事の軽重」を見抜く眼を持っていなければならないはずである。

ところが「大正の世代」は、眼前の現象のみにとらわれて、それが後々の禍根となるものであるのか、一過性のものであるのかという、判断力を失っていたのである。

原敬《たかし》を例外として、「大正の世代」はことごとく、将来の禍根を断つべく努力を怠った為に、昭和期に入るや、その禍根は途轍《とてつ》もない暴走につながって行く。大正期は、一見、無風状態であり、政治の「空白期」のように考えられているが、実は、昭和の禍根の全てが胚胎《はいたい》した、重要な時期なのである。

今後の歴史学の課題は、明治の研究、昭和の研究もさることながら、むしろ、過渡期としての大正期の研究に、もっと比重が置かれてしかるべきではないだろうか。

「大正デモクラシー」に象徴される如く、民主主義の台頭期であったかのように考えられているが、良いイメージの時代が、必ずしも良い結果を生むとは限らないという、歴史のアイロニー（反語、皮肉）を念頭に置きながら、明治の時代を清算し、昭和の時代を準備した、非常に問題の隠されている「大正期」を、いま一度再検討すべきではなかろうか。

国家は強いと私たちを押しつぶす。弱いと私たちは亡びる。

ポール・ヴァレリー『自由を論じ潮汐に倣う』

4　大正デモクラシーが招いた軍閥の跳梁

大正デモクラシーと枢密院の廃止

「大正デモクラシー」には、二つの眼目があった。

ひとつは、枢密院《すうみついん》の廃止要求である。当時の議会は、衆議院の上に貴族院があり、更にその上に、枢密院が君臨していた。

かりに、衆議院で好ましくない案件が可決されても、華族と多額納税者で構成される貴族院で阻止する。その貴族院も突破された場合は、今度は枢密院で握り潰《つぶ》すという、三段階方式の議会制が敷かれていたのである。つまり、枢密院は、今日いうところの議会制の上に、拒否権の発動機関として存在していたのである。

これは、明治期の藩閥《はんばつ》政府が、政党政治に対する異和感、不信感、その方向感覚に対する危機感を抱いていたが為で、その防波堤としてとられた政治形態であった。

吉野作造《さくぞう》（政治学者）はその本質を衝《つ》き、枢密院の存在は、日本の民意を最終的に握り潰す為の組織であると指摘し、その廃止を叫んだ。これは、まさにその通りで、本来の民主主義の根本理念から言えば、当時の貴族院すら廃止し、一院制にすることこそ望ましかったのである。

しかし、吉野作造は、非常に穏健な現実主義者であり、そこまで一挙に要求することは、議論そのものが宙に浮いてしまうという認識の下に、まず、枢密院を攻撃することから始めたのである。

吉野作造の真意は、恐らく枢密、貴族両院を廃止し、一院制にすることにあったと思われるが、とりあえず、政党の意向が現実の政治に反映されるべく、枢密院の廃止という、実現可能な範囲に止まったものであろう。こうした、吉野作造に代表されるような、枢密院廃止論が、大正デモクラシーのひとつの眼目であった。

大正期の悲願「普通選挙」

いまひとつの眼目は、後世に甚大《じんだい》な影響を及ぼすこととなる「普通選挙」論、俗称「普選論」である。この「普選」運動は、大正期を通じて、最大の政治課題でもあった。明治以来の選挙は、「制限選挙」であって、国民の全てが税金を払っていたわけではない当時にあって、一定額（明治二十二年・十五円、明治三十三年・十円）以上の納税者、すなわち、国民の上層部に限って、選挙権が与えられていたのである。いうまでもなく、女性に選挙権はなく、二重の意味で「制限選挙」であった。

従って、「普選論」にも、「成年男子の全てに選挙権を」という要求と、よりラジカル（急進的）な「婦人参政権」の要求という、両側面があった。

今日から考えれば、これらはいずれも当然な要求に過ぎないが、それはあくまでも、今日から見てのことであって、当時の国民の政治意識、視野等を考慮すれば、制限選挙も、やむを得ざる一面があったのである。

今日、国民の政治意識が低い、視野が狭いなどと言おうものなら、大反発を喰らうは必定《ひつじょう》だが、しかし、歴史的事実として、当時の為政者は、国民の政治意識にかなりの疑問を持っていたし、従って、国民の全てに選挙権を与えることにも、躊躇《ちゅうちょ》したのである。

それを今日的視野から、政治的な制限であったとか、言論の封殺であったとか、弾圧であったとか言うことは勝手であるが、当時の為政者が、そういう危惧《きぐ》を抱いていたという、歴史的実感を消すことはできない。

当時の普選反対の急先鋒は、元老山県有朋《やまがたありとも》であった。大正七年、原敬《たかし》が、初めて政友会による政党内閣を組織した時も、山縣有朋は、純粋な政党政治の行方というものに、非常な危惧を抱いた。それは山県の「私心」からではなく、あくまでも、山県独得の政治感覚に基づいてのものであった。

ここで、私の歴史的想像力は、どうしても飛翔《ひしょう》してしまう。私の邪推かも知れないが、それは、原敬と山県有朋の間に、政治的取引が行われたのではないか、ということである。すなわち、山県は原の組閣を認め、原はその間、普選を実行しないという、密約である。そして原は、高齢の山県が、いつの日か天寿を全うした暁に、普選に着手しようとしていたのではないか。しかし、不幸にも原は、山縣の生存中に暗殺されてしまうのである。

以上は、私の歴史文脈上の想像に過ぎないが、原内閣成立前後の、山県の政治的挙動を考えると、多少の可能性はあったように思われる。

大正十年、原敬が暗殺され、大正十四年、遂に普選法は公布された。

石橋湛山《たんざん》は、大正年間を通じて、くり返しくり返し、『東洋経済新報』に普選論を掲げ、藩閥政治の打倒、政治の民主化を叫び、その根本こそ普選の実施にあると、訴え続けてきた。「大正デモクラシー」の理論的リーダー、吉野作造もしかり。普選こそ、日本の民主化と繁栄を約束するものの如く、論陣を張ってきた。

そして遂に、大正十四年、大正期を通じての政治的「悲願」は、実現するのである。その結果、本当に民主的時代は到来したのか、繁栄はもたらされたのか、と言えば、実は、昭和時代の「悲劇」は、ここから始まったのである。

「金権選挙」の始まり

かつて、「井戸塀《いどべい》政治家」という言葉があった。これは、政治に狂った地方の名士、名望家が、財産を全て政治に注《つ》ぎ込み、遂には家、屋敷まで売り払い、最後に残ったのは、井戸と塀だけであったという、当時の政治家の姿を表現した言葉である。

このように、政治に金のかかるのは、昔も今も変わらないが、少なくとも「井戸塀政治家」という言葉に象徴されるように、明治期の政治家は、身銭《みぜに》を切ったのである。しかも、身銭で賄《まかな》えたのである。それは、制限選挙であったからだ。

普選時代に入ると、「井戸塀政治家」という言葉さえ、一般には理解されにくくなって行く。それは、普選になって、極端に金がかかるようになったからである。制限選挙時代には、選挙民の数も少なかったわけで、買収、供応《きょうおう》を含めても、選挙運動にそれほどの金はかからなかった。

と同時に、選挙権を持っている階層自体が、社会的名士であり、富裕階級であったわけで、代議士の供応に与《あずか》ることは、そのプライドにかけて、潔《いさぎよ》しとしない風潮もあったのである。

従って、制限選挙時代には、供応、買収（言葉は良くないが、地元の冠婚葬祭を初め、各種行事において、付け届けされる全てを含め）は、多少はあったにしても、極めて少なかったはずである。だから、「井戸塀政治家」と言われる如く、たかだか身代《しんだい》を傾ける程度で、代議士生活が送れたのである。

ところが普選時代に入り、票が国民各層に散らばった為に、選挙資金は厖大に膨らむ一方、選挙地盤の冠婚葬祭や、各種行事の付け届けなども、加速度的に急増し、それが、連綿として今日まで続いている。

普選以来、半世紀以上経た現在でも、代議士は、地元の冠婚葬祭には、何らかの出費を覚悟しなければならないし、列して一場の挨拶をするなどの、細かなコンタクトもとらなければならない。これらは全て、普選の結果である。

選挙民の側にも、積極的に代議士から収奪してやろう、などという意識はなくても、半世紀にわたる習慣の中で、何らかの地元還元、選挙民還元は当然のことという風潮が、国民の間に浸透してしまっている。

その功罪をとやかく言うつもりはないが、もう少し普選がなだらかに行われていたならば、こうした悪弊《あくへい》は、ある程度避け得たかも知れない。国民の反発を覚悟で言うならば、今日でさえ、「一票の重み」をもって、代議士にたかることは当然であるという意識が、選挙民側には歴然と認められる。

その証拠には、観光バスを連ねて、「おらが国の代議士さん」を、国会議事堂に訪問し、議員会館に案内され、食事をふるまわれ、夜ともなれば、代議士主催の宴会が張られているではないか。そしてそれを、少しも疑問に思わない。政治倫理に悖《もと》る行為であることは考えない。そういう風潮が、現在でも歴然としてある。

都会で良く見かけられる光景のひとつに、葬式などの花環がある。その中に、小は市・区議会議員から、大は衆・参議員に至る名前が、見当たらないことはまずない。これこそ、それを贈る側、受け取る側、更に目撃する側に、何の異和感もないという証拠であり、こうした風潮が、日本列島にしみ込んでしまっている、何よりの証拠であろう。

高度の政治意識（?）を誇る今日ですら、そうなのであるから、半世紀以上前の、普選によって新しく権利の生じた民衆が、いかに結果として、代議士にたかることになったかは、想像を絶するのである。

民主的「普通選挙」の結果

このように、普選によって政党政治家は、制限選挙時代とは比較にならぬ、厖大な選挙資金を必要とする時代を迎えた。それは恐らく、吉野作造も、石橋湛山も、その他大正デモクラシーの論客たちの誰もが、夢にだに想像しなかった事態であったはずである。「普選」の理想、スローガンに、間違いがあったわけではない。それは、そうあるべきことであった。しかし、理想が定着するには、民衆の政治意識が熟していなかったことも、否めない。

普選の結果、当然のことに、政党自体の政治資金も、厖大に膨らんだ。当時の衆議院を二分したのは、政友会と憲政会であるが、選挙のたびに、自党の勢力を維持する為にも、危うい候補には多額の選挙資金をもって、応援しなければならない時代になった。

これは昭和の政治でも同様で、田中角栄がなぜ「力」があったのかと言えば、一旦選挙ともなれば、「目白」からちゃんと軍資金が出てくるということを、国民全員が知っていたのである。その軍資金はどこへ行くのか。結局は、国民の手に返って行く。つまり、公然たる買収は、現在でも行われているのである。

つまり、普選によって、政党は多額の軍資金を必要とするようになり、党首たる者は、軍資金の調達能力も問われる時代を迎えた。制限選挙時代の井戸塀政治家たちは、その名の通り、各自「自腹」を切っていたわけで、党首は、資金調達の能力は問われなかった。

ところが、民主的普選の時代となって、かえって、買収は国民の骨絡《ほねがら》みとなり、政治に買収は付きものという風潮を生み、今日に至っているのである。

青島幸男が、あるいは中山千夏が豪語した、「金のかからない選挙」こそ、それを逆証明するものであろう。彼等にしたところで、マスコミを通じて、虚名を売っているからこそ豪語できるわけで、それを宣伝費に換算して計上したならば、恐らく想像を絶する金額になるはずである。

市川房枝にしても御同様、天下の朝日新聞が、あたかも市川房枝は、「日本の政治の良心である」と言わんばかりに、夥《おびただ》しい記事、文章をもって宣伝してくれたからこそ、一見、清潔な選挙ができていたのである。それを、朝日新聞の広告代に換算したならば、やはり厖大な金額になることは間違いない。

彼等のように、マスコミにバック・アップしてもらえない代議士は、必死になって、選挙資金を調達しなければならないし、党首もそれに、応分の資金を分配してやらなければならない。

これは、普選の結果顕現したことであり、歴史的事実でもあり、現に行われていることでもある。

大正民主主義と軍閥の跳梁

普選の結果が招来した禍根は、これだけに止まらない。

原敬亡き後の政友会は、高橋是清《これきよ》が党首となるが、彼は偉大なる経綸《けいりん》家ではあったが、選挙資金を調達するなどという能力は、絶無であった。まさに、「ダルマさん」の渾名《あだな》に相応《ふさわ》しく、その道にかけては、手も足もなかったのである。

そこで、第一政党たる政友会は、長州軍閥の中枢的存在である陸軍大将の田中義一《ぎいち》に着目した。そして大正十五年に退役した田中義一を、政友会総裁として迎えるという、「離れ業《わざ》」をやってのけたのである。明治以降、長の陸軍、薩の海軍と言われたように、わが国の陸軍の人脈は、ほぼ一貫して長州閥であった。

その陸軍の中でも、山縣有朋、桂《かつら》太郎、田中義一は、「軍」というものの体質を、その思想、論理、心情において、一身に体現した、長州軍閥生粋《きっすい》の精髄であった。その直系である田中義一を、あれほど藩閥政治に抵抗し、民衆政治を標榜《ひょうぼう》したはずの政友会が、いわば、ともに天を戴くべくもない軍部から、「三顧《さんこ》の礼」をもって、総裁に迎えたのである。

ここにこそ、なぜか後世の史家が看過《かんか》し、無視してきた、重大なる禍根があったのである。

政友会がなぜそういう暴挙に出たか。当時、陸・海軍は、厖大な機密費を、公然と国家予算から分捕《ぶんど》っていたのである。しかも、機密費であるから、当然、会計監査を受けない。それを、長州軍閥は、密かに蓄積していたものと思われる。

政友会はそこに眼を付け、「持参金」とともに、田中義一を総裁として迎えようとしたわけである。つまり、軍閥が蓄えていた機密費を、軍資金として欲しいが為に、政党政治のプリンシプルに反する、言語道断な暴挙に走ったのである。

それほど、普選には金がかかり、政党は、よほどの金脈をつかんでいない限り、政治活動を行うことができなかった。その為に、自らの政治プリンシプルを曲げ、本来ならば敵対するはずの、長州軍閥の軍門に降り、田中義一が組閣するという異常事態が、昭和の初期に行われたのである。

その結果、当然の如く、軍部は跋扈《ばっこ》し、「軍」の持つ宿命通り、着々と戦争準備は進められ、満州に触手を伸ばす機会を窺うという、これもまた、当然の歴史段階に突入して行くのである。

理想論の危険性

そこで、今上《きんじょう》天皇は、軍閥の跳梁《ちょうりょう》を阻止するべく、大英断を行う。すなわち、田中義一が余りにも嘘を吐《つ》くところから、天皇はたまりかねて、『田中義一首相の顔は、二度と見たくない』と、宣《のたま》うのである。その一言によって、田中義一は、後に、辞職に追い込まれる。

陛下の一言によって、事実上、わが国の首相が罷免《ひめん》されるという、かつてあり得なかった明瞭たる歴史的事実を、後世の史家は、なぜか無視している。

私は常々、今上天皇は、昭和史において三度の聖断を下した、と考えている。

第一は、田中義一を、辞職に追い込んだこと。

第二は、二・二六事件を「反乱」と決めつけ、その処罰を断行したこと。

第三は、鈴木貫太郎首相との精妙なる「腹芸」をもって、昭和二十年八月十五日の終戦を決断したこと。

以上の三つが、今上天皇の大英断だったと、私は思っている。

今上天皇が御自ら、田中義一首相を罷免に追い込むという、大英断を下したにもかかわらず、肝心の政党が、軍閥に身売りしてしまった以上、昭和史は、まさに落石の勢いで、破滅への道をたどって行くのである。

歴史とは皮肉なものであり、大正期を通じての理想であった普選が、昭和期に入って実現されるや、周知のような悲劇を招来してしまった。普選自体に、論理上、問題があったわけではないのに、むしろ、民主主義の定着であったはずなのに、その結果は軍閥の跳梁を招き、昭和二十年の破局に至る、禍根を残してしまったのである。

少なくとも、昭和の歴史は、大正期が掲げた理想論にはお構いなく、このように動いてきたのであり、その根源が普選にあったことは、否定すべくもない。大正デモクラシーの最大の眼目であり、民主主義の理想であった「普選」が、かくも皮肉な結果を招来してしまったところに、歴史のアイロニーがある。

シニカルな表現が許されるならば、理想論が大手を振って跋扈する時代こそ、政治の方向に危険性があるという苦《にが》い教訓を、大正デモクラシー、普選運動は、教えてくれているのではなかろうか。

戦後、かかる発言は禁句とされてきたが、「不確実性の時代」を迎えた今日こそ、あらゆるタブーを乗り越えて、虚心坦懐《きょしんたんかい》に、「歴史に学ぶ」必要があるのではなかろうか。

普選の実行過程には、実に多くの教訓と、反省材料が満ちているはずであるから。

水源は水の流れの行方を知らない。

ジャン・コクトー『雄鶏とアルルカン』

5　太平洋戦争は全国民の責任である

国民は無罪か

太平洋戦争は、ある日突然、国民の知らない間に起こったかのように考えられているが、そんなことはあり得るわけがない。

いかなる暴虐な軍閥といえども、戦争可能な状態にあるという、国民の意識動向を察知しない限り、戦争を起こせるはずはないのである。

例えば、真珠湾を攻撃した瞬間に、全国民が一斉蜂起《ほうき》して、全国津々浦々の街頭にデモ行進がくり広げられ、「戦争即時停止」を叫び、受け入れられない限り、無期限ゼネストも辞さないという、強力な意思表示のなされる可能性が、万にひとつもあり得ると、陸軍なり、海軍なりが判断した場合に、果たしてなおかつ、戦争に突入したであろうか、と考えれば、自《おの》ずから事は明白なはずである。

少なくとも、成り行きというものはあったにせよ、軍部に、国民の意識に関する限り、「やればできる」状態にあるという判断があったことは明らかだし、事実、緒戦《しょせん》の真珠湾、あるいはハワイ、マレー沖海戦の戦勝に、国民は万雷の拍手を送ったではないか。

左翼系歴史家は、それは軍部の宣伝であり、一部のマスコミが躍《おど》ったに過ぎない、国民は反戦感情を抱いていたと力説するが、当時私は小学校の六年生に過ぎなかったが、朝礼で「開戦」の旨《むね》を告げた校長の口調にも、私の住んでいた大阪の町のどこを見渡しても、「反戦」「厭戦《えんせん》」気分が漲《みなぎ》っていたとは、どうしても思えない。

極く一部の知識人は、あるいは、反戦意識を抱いていたかも知れないが、国民の大多数は、緒戦の勝利を謳歌したはずである。

「戦争」というものは、一朝一夕に起こるものでもなければ、起こせるはずのものでもない。歴史を振り返って見れば、満州事変、上海事変、五・一五事件、二・二六事件と、軍閥は着実に国民を戦争へと導いて行ったのであるし、国民もまたそれについて行ったのである。

従って、終戦の時、東久邇宮《ひがしくにのみや》首相は「一億総懺悔《ざんげ》」と言ったが、まさに事実を言い当てた名文句であった。

戦後、責任は全て一部の戦争指導者に負わせ、国民は無罪、むしろ、被害者であったかのような風潮があるが、あの太平洋戦争は、一億の国民が手を取り合って戦ったところのものであり、一億国民の共同責任において敗れたところのものなのである。決して、国民の反対と抵抗を無視し、軍閥が勝手に行ったものではない。

戦後史家は、特高警察が張りめぐらされ、抵抗どころか、言論さえも完全に封じられていたと言うが、終戦時、私は旧制中学の四年生であったが、その幼い体験、実感からしても、それをそのまま肯定することはできない。

確かに、昭和十八、九年頃になって、敗色濃く、生活も苦しくなり、特に本土空襲が始まってからは、国民は明らかに厭戦《えんせん》気分に陥って行ったが、それまでは決してそうではなかった。

軍部を支持した国民感情

戦後の左翼系文化人は、自分たちを中心とする良心的、進歩的知識人と、国民の大多数は、絶対平和を願っていたかの如く強弁するが、誤解を恐れずに言えば、私はむしろ、国民の側こそ向戦的と言うか、好戦的であったと考えている。そして、その国民感情は、すでに五・一五事件の中に伏在していたのである。

一部の海軍将校団が、政府の要人を襲撃し、犬養《いぬかい》首相が非命に斃《たお》れるという事件があった時、国民はその非を咎《とが》め、抗議したか。あるいは、新聞はこぞって、首相暗殺という弁明の余地のない非道を、徹底的に糾弾し、世論を喚起したか。むしろ、「動機が純粋である」という共感をもって、暗殺将校団に臨んだのではなかったか。

二・二六事件もまたしかり。二・二六事件は、政府の要人のほとんどを暗殺するという、日本史上稀《まれ》に見る組織的、悪虐、非道な暴力事件であったにもかかわらず、なおかつ、国民の世論、新聞の論調は、必ずしも、蜂起青年将校たちに対して、全面否定的ではなかったはずである。

またしても、「行為は否定されるべきだが、国を憂える青年将校たちの心情には純粋なものがある」という世論が、優位を占めた。そうした風潮に微動だにせず、断固として、「朕《ちん》に対する反乱」であると断を下したのは、天皇陛下が最初であった。

こうした国民感情、世論が軍部をバック・アップし、次第に戦争に傾斜して行くのである。

事態を平和裡に収拾しようとした政治家を、軍部のテロをもって一斉に暗殺してしまうという暴挙を、国民が暗黙のうちに支持してしまった以上、もはや、政治家が軍部に対して何の政治力も発揮できなかったのは、当たりまえのことである。政治家はそれこそ、軍部に反対しようものなら、政治生命どころか、肉体生命すらも、危殆《きたい》に瀕するという恐怖感の中にあったのである。

従って、後世、近衛文麿《このえふみまろ》がいかに優柔不断であったかが、縷々《るる》述べられているが、いつでも二・二六事件のようなテロが起こりかねない、しかも、世論を挙げてそれを支持するという状況下にあってみれば、優柔不断はむしろ当然のことであった。

もしも国民の間に、絶対的平和への支持というものがあったならば、政治家も優柔不断には陥らず、断固とした態度を取り得たはずである。

更に、こうした国民感情を背後から支えたものは、空前の軍需景気である。高橋是清《これきよ》は、一旦《いったん》は政友会総裁となり首相となった身であるが、昭和九年、再度老躯《ろうく》をひっさげて、大蔵大臣として時の不況を打開すべく、経済政策に全力を傾注するのである。

高橋是清の進退は、一旦一国の宰相となりながらも、再び大蔵大臣としてその手腕を発揮するという、今日の政治家の鑑《かがみ》ともすべき身の処し方であった。彼は軍需産業の形態をとりながら、軽工業から重工業へと産業転換を図りつつ、景気の復興を達成したのである。

その結果、昭和十年代には漸次好況に向かい、わが国史上初めて、大衆社会化現象ともいうべき、小市民的豊かさが実現する。これを後世、軍需景気の時代と呼んでいる。この時期は大衆文化が一挙に開花し、映画、流行歌、その他芸能関係が史上空前の人気を博し、国民的アイドルなども初めて出現した時期でもある。

それまでの紡績中心の軽工業から、軍需産業へ傾斜しつつ、重工業へと体質転換を図るという、高橋是清の経済政策こそ、景気を著しく好転させ、大衆社会化現象を現出させた根本であり、その重工業のノウハウこそ、戦後の急速な復興を達成した根本でもある。

事程左様に、この時期というのは、景気が好転し、国民はそれを満喫したのである。しかし、好景気に有頂天の余り、軍需産業の「行き着く先」に対する警戒、反省が、国民の全てに欠けていた。昭和二十年の破局の全ては、ここにあった。そういう意味でも、

「一億総懺悔」というのは、適切な名言なのである。

太平洋戦争は全国民の責任であったにもかかわらず、戦後の史家、特に左翼系歴史学者は、その事実を認めようとせず、十年一日の如く、マルクス史観による「歴史解釈」に腐心してきた。

事実に即した歴史が、いかにないがしろにされてきたことか。

歴史感覚が欠如した解釈とは

例えば、余談になるが、芭蕉七部集の中に『猿蓑《さるみの》』という代表的な撰集がある。その下巻に、凡兆《ぼんちょう》、去来《きょらい》、芭蕉《ばしょう》の三人が連ねた、「夏の月の巻」という三十六句歌仙があり、その中に、

『足袋ふみよごす黒ぼこの道』


という芭蕉の句がある。

これは単純な句で、「黒ぼこ」とは黒土のことで、その「黒ぼこ（土）の道」を、当時は元禄《げんろく》の頃であるから、白足袋《たび》に薄い草履《ぞうり》で歩いていて、その足袋を汚してしまったという意味の句が詠《よ》まれている。

この芭蕉の句の前は、凡兆の句で、

『五六本生木《なまき》つけたる潴《みずたまり》』

となっていて、それに続けて、

『足袋ふみよごす黒ぼこの道』

と芭蕉が吟《ぎん》じたものである。

ところが、『日本古典文学大系』（岩波書店）の中の中村俊定《しゅんじょう》の解釈は、『足袋ふみよごす……』の句は、「前句《まえく》を郊外のぬかり路と見て、歩行者の不注意の出来事を連想した付《つけ》」と解釈している。

ここで問題なのは、「郊外」という解釈である。つまり、なぜ、このぬかる道が郊外でなければならないのかということである。芭蕉の時代、つまり元禄の頃は、「水たまり」「黒ぼこの道」は都会の至るところにあったわけであり、何も郊外に限らなかったはずである。

恐らく中村俊定は、無意識のうちに、戦後の、しかも高度経済成長期の都会を念頭に描いて、その感覚でこの句を解釈したのであろう。とすれば当然、「水たまり」も「黒ぼこの道」も、まだ舗装されていない、整備途上の郊外の道でしかなくなるわけである。

「黒ぼこの道」が都会の真中であろうと、郊外であろうと、句意に大差はないようなものだが、それではこの句の肝心な「勘どころ」はつかめない。つまり、中村俊定は俳諧訳者として失格なのである。

大体、歴史上「郊外」という概念が出てくるのは、大正から昭和にかけて私鉄が発達し、その沿線に中級サラリーマンの、いわゆる「郊外住宅」が建ち並び始めた頃のことなのである。当時、「郊外」とは、「都心をはずれたところ」であり、東京、大阪、名古屋等の六大都市を中心に、都心の最端から更に外へ、私鉄で五、六駅入った辺りを総称したのである。

現在は郊外どころか、地方都市の末端に至るまで、完全舗装されているが、それはあくまでも戦後の高度成長期以後の、旺盛な市民税の取り立てによるものであって、戦前の都会には、「水たまり」も「黒ぼこの道」も、いっぱいあったのである。

ましてや元禄時代においては、町中「水たまり」だらけ、「黒ぼこ」のデコボコ道だらけであったはずだ。従って、芭蕉の句は、そこら中「黒ぼこ」だらけの道を、薄い草履に白足袋を穿《は》いて歩いているうちに、その足袋を不本意ながら、「ふみよご」してしまったという句意と読みとれる。

それは、郊外のぬかる道で転んだものでもなければ、郊外の道路事情を詠嘆したものでもなく、雨後の町なかの「黒ぼこ」道を、「水たまり」を避けながら、いくら慎重に歩いても、どうしても足袋が汚れてしまったという意味なのである。

当時の礼儀として、足袋を汚すことは最も恥ずべきことであり、従って、他家を訪問する時は、もう一足持参し、新しい足袋に穿き代えてから、上げてもらうというのがマナーであった。

そうした時代に、「ああ、足袋を汚してしまった。不本意なことだ」という気持を詠んだのが、この句なのである。それを短絡的に「郊外の……」云々と発想すること自体、歴史感覚の欠如であり、元禄を現代に当てはめようとするアナクロニズム（時代錯誤）であろう。

このように、その時代に即して「もの」を考える、歴史を史実のままに、私心なくながめるということが、いかに忘れられているかということを、中村俊定の解釈は証明しているわけである。

『足袋ふみよごす黒ぼこの道』

というほんの一句であっても、これを現代の常識をもって解釈しようとする限り、

「郊外」の句だという過ちをおかしてしまうのである。

「二・二六事件」と「同情論」

閑話休題《それはそれとして》、事程左様に、昭和十年代の軍需景気は市民生活を豊かにし、郊外住宅を外へ外へと広げて行った。同様に、出版界も好景気を反映し、戦前、戦後を通じて、「紙」「綴《とじ》」ともに、最も良質の文庫本が出現するのもこの時期、昭和十年前後である。

しかし、社会全般が軍需景気を謳歌し、国民が小市民生活に酔っている間に、恐るべき破局は醸成されつつあった。軍需景気―軍備拡張―戦争という危険な流れをいち早く察知し、その流れに歯止めをかけ、方向転換すべきを誰もが忘れたのである。

こうした中で二・二六事件が起こる。そして、「動機純粋論」が世論の大勢を占め、根本的な反省がなされることなく、更に破局へと一歩踏み出して行く。

山本七平が喝破したように、「純粋」「捨身《しゃしん》」は日本人の骨絡みの感情であり、この二つの条件さえ満たしておれば、事の是非は問わないというのが、わが国民感情である。

その典型的な例は「忠臣蔵」、すなわち赤穂《あこう》浪士の討ち入り事件である。後世、伝えられているように、もし、幕府の「御政道の片手落」を糺《ただ》す、という大義名分であったのならば、吉良邸ではなく、幕府、江戸城に討ち入るべきであったはずである。「松の廊下」において、刀を抜いたのは浅野内匠頭《たくみのかみ》であり、吉良上野介《きらこうずけのすけ》は刀を抜いていないのだ。

従って、大石慎三郎が指摘する如く、これは喧嘩、私闘ではなく、浅野内匠頭による単なる襲撃、暴行事件である。故に、「喧嘩両成敗」の御法は適用されるべくもないのである。

暴行事件であるからには、加害者・浅野内匠頭は切腹、被害者・吉良上野介は全く「おかまいなし」、むしろ、傷の療養に医者を差し向けられるという、当時の常識からしても、当然の「お沙汰」が下されたのである。その裁きを非とするならば、攻撃はあくまでも幕府に、五代将軍綱吉に、あるいはその政務を司《つかさど》る幕閣に対して行うべきが筋であろう。

もし、それが不可能であるならば、むしろ、赤穂城に立て籠り、再度、幕府の反省を促す策こそ、政治の論理からいっても、常道であったはずである。それを「亡君の無念をはらす」為とはいえ、吉良上野介の首を取ったところで、それはあくまでも徒党を組んだ襲撃であり、政治的には最も愚策であろう。

従って、この事件に対して、当然、国論、評価は二つに割れたが、とどのつまりは、山本七平が明確に分析しているように、「動機が純粋で、しかも身を捨ててかかっている」という一点をもって、世論は「義士」と評価した。

つまり、純粋プラス捨身イコール善、という方程式が成立したのである。この方程式は二・二六事件においても、同様に成立した。

二・二六事件の青年将校たちは、紛《まぎ》れもない卑劣な暗殺者集団であり、身を守るすべとてない閣僚たちを、次々に襲っては死に至らしめた、近代政治の基本論理を全く無視した、悪虐無道のテロ集団に過ぎなかった。そのテロに対して、国民はどのように反応したか。「身を捨て」てかかっており、御政道の非を糺すという、「純粋な動機」に発しているという、同情論をもって臨んだのである。

もしも、天皇陛下の御聖断がなかったならば、恐らく彼等は処刑されずじまいであったかも知れない。それほど、軍部の体質を問い質《ただ》すという意識は薄く、根本的な反省は遂に現れずじまいであった。

従って、歩、一歩と、太平洋戦争へ向かう素地は、完成されつつあったのであり、特高警察や軍部の言論統制にのみ責任があったのではない。国民の自主的判断をもって、破局へと突き進んで行ったのである。

そのことをとやかく言うつもりはないが、好景気に浮かれていると、思わぬ落し穴が待ち受けているという教訓にはなろう。済んだことは仕方ないとしても、二度と同じ悲劇をくり返さない為にも、根本的に反省すべきではあった。

しかるに、戦後、太平洋戦争は全国民の責任であったにもかかわらず、全ての責任を一部のリーダーになすりつけ、一億国民は総転向してしまった。そしてそれを恬《てん》として恥じていないのである。

もし今後とも、こうした「国民は常に正しく、リーダーは常に悪い」という論理が適用されるならば、悲劇は幾たびとなくくり返されるであろう。そして、こうした風潮をリードしたものこそ、戦後の左翼系史家、文化人であったのである。それで良いのか。

今こそ、戦後左翼が捏造《ねつぞう》した偏向史観は、問い直されるべき時ではないだろうか。

墓と記念碑を区別する習慣を、ぼくらはいつの間にか忘れてしまった。

S・J・レッツ『床屋嫌いのパンセ』

6　悲劇が活力の源泉となった

石橋湛山の優れた提言

太平洋戦争は、避けることができなかったのか、という問題を考える時、石橋湛山《たんざん》の言論生活は、極めて重要な手がかりとなる。

石橋湛山は、大正、昭和を通じて、戦争回避の方策を懸命に模索し続けた、優れた論客であった。日本の政局が、太平洋戦争へと突き進む中にあって、その時、その場の時宜《じぎ》にかなった、しかも、実行可能な提言を、約三十年間にわたって展開し続けた、わが国唯一の言論人であった。

大正初期以降の、石橋湛山の論述の跡をたどると、「対華二十一ヵ条の要求廃棄」「朝鮮の独立公認」「侵略なき資源外交」「国際協調」「必要以上の軍備不拡張」等々と、現在読み返して見ても、理路整然たる、しかも、正鵠《せいこく》を射《い》た提言ばかりである。

しかも、決して、現実を無視した空論に陥ることなく、ほんの少し発想を転換し、軌道を修正したならば、全て実行可能な、しかも、破局を免《まぬか》れ得る提言に満ちていたのである。もし、思想というものが、机上の抽象論にあらず、現実の的確な把握と、その方向づけにあるとするならば、石橋湛山こそ、日本思想史上、まことに稀有《けう》の思想家であった。

それほど、大正から終戦に至る石橋湛山の政局、経済の現状分析とその方向性には、もしも歴史が石橋湛山の説くような流れであってくれたならば、と思わせるところ大なのである。

昭和十八年、石橋湛山は、すでに終戦を予測して、戦後日本の政治、経済、社会のあり方について、研究会を開催している。時局がら、当局に知れれば大変なことになるのは承知の上で、東洋経済新報社に一室を設け、着々と戦後体制、経済復興のあり方を、研究していたのである。

東洋経済新報の印刷所は、当時、秋田県横手市に疎開しており、石橋湛山もそこに駐在していたわけだが、昭和二十年八月十五日の終戦の日の午後には、早くも当地で第一回目の演説を行っている。その内容も、敗戦のショックと虚脱感におよそ相応《ふさわ》しからぬ、「日本の前途は有望である。経済復興も大いに可能である。今後ますます国力は充実し、社会は安定して行くであろう」という、極めて楽観的なものであった。

そして、以後、毎号のように、東洋経済新報に「明るい見通し」を訴え続けたのである。戦後三十数年を経た今日、石橋湛山の予見はことごとく的中したが、あの荒廃と廃墟の中で、「明るい見通し」を説くこと自体、かなりの勇気と自信の裏づけを必要としたはずである。

進駐軍と渡り合った湛山

当時、石橋湛山と並び、在野エコノミストの双璧と称され、大の親友の間柄であった、日本経済新聞社社長の小汀利得《おばまとしえ》ですら、石橋湛山のあまりの楽観的、希望的論調には吃驚《きつきよう》し、「湛山も敗戦のショックで遂に乱心したか」と、嘆息したという。

そして、早速、東洋経済新報社へ駆けつけ、「二十年来の親友の晩節の汚れは見るにしのびない。今後石橋には執筆させてくれるな」と、側近の者に頼んだというエピソードが残っているほど、石橋湛山の論調は、当時においては、破天荒《はてんこう》であったのである。

しかし、石橋湛山の論調が、当時いかに奇異に映ろうと、それはあくまでも湛山の研究の成果であり、事実、戦後の歴史はそれを見事に証明している。

戦後、石橋湛山は大蔵大臣として、自らの方針に従い、着々と経済復興に着手して行くが、生来の鼻柱《はなつぱしら》の強さと、剛毅、不退転の性格が災いし、ついに、進駐軍と真向から衝突してしまう。当時、日本の政界、財界、文化界を問わず、進駐軍に対立するなどということは、あり得ないことであったのである。

それを石橋湛山はただ一人、自らの方針を決して曲げることなく、ことごとく進駐軍の方針と対立する。当時、GHQ（連合国軍最高司令部）詰めの海外特派記者の間で、湛山のことを「ストロング・マン」と渾名《あだな》したほど、湛山は進駐軍と渡り合ったのである。

その結果、遂に、マッカーサーの異例の手段をもって、公職追放の身となるのであるが、今後、石橋湛山の言論生活は、もっと高く評価されてしかるべきであろう。

事程左様に、大正、昭和を通じての、石橋湛山の言論生活には瞠目《どうもく》すべきものがあり、その明晰な現状分析力と予見力、憂国の至情には、敬服すべきものがあった。そして、もし、歴史が湛山の提言を容《い》れていたならば、恐らく破局は避け得たかも知れない。

戦後の活力こそ「理外の理」

しかし、あえて私は、石橋湛山の言論生活を充分評価しつつも、一点の疑義を差し挟みたい。それは、湛山の提言通り、「国際協調」を第一義とし、日本が満州から身を引き、朝鮮から手を引き、中国から撤退し、国内に萎縮した場合、果たして、ロシアはどう出たか、中国に対するヨーロッパ諸国の権益はどうなっていたか、という一点にある。日本が撤退した空白の中で、ロシア、ヨーロッパ諸国の魔手が伸びることなく、満州、朝鮮、中国は、それぞれの独立を保持することが可能であったか。こうした国際関係の中に、湛山の論理を置いた場合、事態は複雑な様相を呈してくるはずである。

更に、日本がもし国内に閉じ籠り、萎縮、自重《じちょう》の政治形態をとっていたならば、果たして、戦後の復興にもつながったところの、日本国民の「志気」「活力」というものは、失われずに保持され得たか、という疑義も生じてくる。石橋湛山の明快な論理に、あえて疑義を差し挟みたい所以《ゆえん》である。

昭和七年（一九三二年）、オタワ協定（英帝国経済会議で締結された封鎖的・差別的経済協定）が結ばれ、当時世界の覇者であったイギリスを筆頭に、その植民地の末端に至るまでが結束し、英連邦以外の国を経済的に封じ込めようとした。すなわち、資源を初めとする貿易を制限し、協定外諸国の孤立化を図ったのである。

このオタワ協定の成立を耳にするなり、高橋亀吉《かめきち》は、「第二次世界大戦は必至である」と予言し、その予言によって、戦後、公職追放となるが、それほど日本は、国際的にじわじわと締めあげられつつあったのである。

こうした国際動向に、日本が身を屈し、国際的に「負け犬」に徹したならば、あるいはあの破局は避けられたかも知れないし、国土の安全は保持されたかも知れない。

しかし、三等国の地位に甘んじ、国際関係の中でか細く生きながらえたとしても、国民感情の萎縮、矮小化《わいしょうか》は避けられなかったはずであるし、戦後の活力、現在の国力の充実というものは、望み得なかったはずである。

太平洋戦争は、いうまでもなく悲劇であったし、そして、多くの国民が死んで行った。しかし、誤解を恐れずに言えば、あれだけの国際的圧力に身を屈することなく、ひとたびは猛烈な反撃を展開し、その結果、破局を迎えたわけであるが、少なくとも、国民感情として、「やるだけのことはやった」という、心理的充足感は残ったはずである。

そして、その精神的充足感があったればこそ、戦後の驚異的復興も可能であったのではないか。敗戦直後、一部の文化人、文筆の徒が、「今後日本は、三流の文化国家として、細々と生きながらえるしか道はない」と、悲観的意見を開陳《かいちん》する中にあって、財界は、実業界は、国民の一人ひとりは、日本の運命に見切りをつけ、労働意欲を失ったか。

それは、戦後のあの活力、焼け跡のバラックに漲《みなぎ》ったあの活気が、見事に証明しているはずである。日本史上、国民の間に、あれほどの活力が充溢《じゅういつ》した時期はなかったであろうし、それが、わずか十年足らずの間に、見事な復興に結実した根本でもあろう。この国民の活力こそ、戦後の政治学、経済学、社会学の全てが見落している、「理外の理」ともいうべきものであったのである。

志気を失った国家、活力を失った社会というものは、「先細り」しかない。太平洋戦争は大いなる悲劇ではあったが、それによって国民の「志気」「活力」は、失われるどころか、むしろ、旧に倍したとさえ言える。

その活力の源泉こそ、国際的圧力にいたずらに屈することなく、たとえ破局であったにしても、「やるだけのことはやった」という、精神的充足感にあった、と私は考えたい。「悲劇が活力の源泉となる」という、歴史のアイロニーを教訓とすべきではなかろうか。

終戦直後の、澄み渡った空の下に広がる、あの焼け野原に満ちた日本人の活力を考える時、私はどうしても、石橋湛山流の、身を屈して悲劇を避ける道もさることながら、行き着くところまで行った結果としての「理外の理」というものにも、思いを致さざるを得ない。

ホンネとタテマエの溝を埋めた原爆

もうひとつ、誤解を恐れずに言えば、広島と長崎に、前後二度にわたって原子爆弾が投下され、実に悲惨な犠牲者を出したわけであるが、しかし、あの原子爆弾の投下こそ、日本を救ってくれたのではないか、ということである。

もしアメリカが、原子爆弾の完成を遅らせていたり、あるいは、完成していても、使用を逡巡《しゅんじゅん》していたならば、戦争は当然続行されていたはずである。その場合、ロシアは、スターリンはどのような行動に出ていたか。

恐らくスターリンは、満州、朝鮮を瞬《また》く間に席巻し、北海道に上陸していたに相違ない。ヤルタ会談でスターリンは、北海道の北半分を所望《しょもう》し、ルーズベルトに一蹴されたというではないか。そして日本は、朝鮮、ポーランド以上の悲劇の場となっていたに違いない。

小堀桂一郎（評論家）は、終戦の「御聖断」に関して論及した中で、鈴木貫太郎《かんたろう》老首相と天皇陛下の、見事な「腹芸」を描出している。しかし、鈴木貫太郎首相の至誠の御奉公と、天皇陛下の見事な演技力に注目するの余り、ひとつだけ忘れていることがある。それは、陸軍、海軍ともに、軍部の面子《メンツ》が立つような形での「名誉ある終戦」、「やむを得ざる終戦」を、望んでいたはずであるということである。

すでに関東軍はなきに等しく、ロシアは怒濤の如く満州平野を南下し、内地は連日の空襲で焼土《しょうど》と化していた中にあって、「本土決戦」などというスローガンは全くのナンセンスであり、それは陸軍、海軍ともに承知の上の、「タテマエ」に過ぎなかったのである。

つまり、わが国民性として、あるいは軍部の「面子」「タテマエ」上、本土決戦というスローガンになったのであって、「ホンネ」は、「政治の勢力に押されて」とか、「陛下の御聖断によって」とかいう理由の下に、「やむを得ざる終戦」にして欲しい、と望んでいたはずなのである。

そうした「ホンネ」と「タテマエ」のギャップを、一挙に埋めたものこそ、二発の原子爆弾に他ならない。この外からのインパクトによって、日本は急速に「ホンネ」、すなわち終戦へと傾斜して行くのである。

従って、鈴木貫太郎首相は、一方で軍部の面子を立てながら、分かり切った腹芸を披露し得たわけであるし、また陸・海軍ともに、その腹芸を承知の上で軍部の一分《いちぶん》を立て、更に、全てを了解の上で、天皇陛下は「御聖断」を下したわけである。

わが国は唯一の被爆国であり、多くの貴重な生命が失われ、現にまだその後遺症が残っている。その悲惨は言語に絶するものがあるが、しかし、もし、トルーマンの決断が、あと三ヵ月遅れていたならば、と考える時、その悲惨は、恐らく原爆投下の比ではなかったはずである。だから私は、戦後の禁句をあえておかし、「二発の原爆が日本を救ってくれた」と言いたいのである。

歴史の流れを冷静に見つめるならば、原爆がソ連の占領を未然に防いでくれたことは、一目瞭然である。恐らくスターリンは、アメリカの決断に、クレムリンの奥で切歯扼腕《せっしやくわん》したに違いない。スターリンにはチャーチルも騙《だま》され、ルーズベルトも騙された。しかし、トルーマンは、戦争の即時停止を敢然と決断したのである。

戦後、原爆投下に関する限り、その残虐性は声を大にして語られ、白人の有色人種に対する「蔑視論」から、果ては「試験的」「実験的」投下説まで飛び出し、ほぼ語り尽くされた観がある。

確かに、人類史上、最も悲惨な出来事であったし、後世に、大いに語り継がれるべき事柄には違いないが、その悲惨に比肩《ひけん》すべくもない更に大いなる桁違いの悲惨を、二発の原爆が未然に防いでくれたという事実を、冷静に見つめる理性も必要ではないだろうか。

大いなる悲惨とは、いうまでもなく、東西ドイツ、朝鮮半島の悲惨であり、アフガニスタン、ポーランドのそれである。

東京裁判は私刑に他ならない

更に、誤解を恐れずに言えば、日本の幸運はアメリカによって占領されたことである。世界史上、あれほど寛大な占領軍というものは、かつてなかった。それは、アメリカの進駐軍が、ニューディール生き残りの理想家たちによって構成されていたことと、マッカーサーの功名心によるものである。

マッカーサーは、日本を骨抜きにする一方、民主化し、占領の実《じつ》を挙げ、もって大統領に進出するという野心を抱いていた。従って、日本で抵抗運動が起こったり、暴動が起きてはならなかったのである。こうした理想家たちと、マッカーサーの野心がうまく噛み合い、寛大な占領政策がとられるとともに、日本国家の安全が保障された。このことは戦後の反米風潮の中にあって、過小評価されているが、もっと積極的に評価されてしかるべき事柄ではなかろうか。

戦後、東京裁判が開かれ、東条英機《ひでき》以下、戦争指導者と目された七名が絞首刑に処された。しかし、忘れてならないことは、東京裁判なるものは、戦勝国側の戦敗国に対する、一方的な私刑《リンチ》に他ならないということである。アメリカの西部劇などに良く見られる、正式の裁判を経ないで「吊るし首」にしてしまう類《たぐい》の、私刑に過ぎなかったのである。

戦後、戦争犯罪人、すなわち「戦犯」という呼称が一般化したが、当時の日本の法律には、「戦争犯罪」を裁く条項はなかった。従って、東京裁判は、日本の既成の法律に則《のっと》って判決が下されたのではなく、戦勝国側が、その為にわざわざ作り上げた「法」

に則って処刑したに過ぎず、裁判というよりは、私刑と呼ぶべきなのである。
戦後の左翼的風潮がつくりあげた「戦犯」「東京裁判」のイメージは、払拭《ふっしょく》されるべきなのである。もし、東条英機以下を真に戦犯と呼び、処罰したいのなら、日本人自身の手で「戦争犯罪」の法律条項を作り、いま一度裁判をやり直すべきであろう。

そうしたことは、海外諸国においては常識であるし、処刑の目的が先行し、形式上の裁判に過ぎなかった東京裁判を、日本人自身認める必要はさらさらないのである。東京裁判が、戦勝国側の「にわか作りの法」による私刑であった以上、東条英機、広田弘毅《こうき》以下の処刑者は、日本の戸籍、経歴上、犯罪人でもなければ、裁判も受けていない、判決も下っていない、従って、処罰も受けていないということになる。

少なくとも、これが日本の法律における常識であり、現実である。従って、戦後左翼人の口真似をして、彼等を「戦犯」と呼ぶのは勝手であるが、少なくとも自らの良心に賭けて、彼等を「戦犯」と呼びたいのであるならば、もう一度、裁判をし直す必要があろう。

そして、それこそ真の意味で戦後の清算であり、彼等の名誉の為ばかりでなく、日本人一人ひとりの名誉の為にも、必要なことではなかろうか。

留守寺にせい出して咲く桜かな
一茶

第3章

「人間」を知れば歴史通

1　実務家の現場感覚が戦後を作った

丸山真男の致命的な過誤

戦後の知識人の中で、その功績と影響力において、第一人者は、やはり丸山真男《まさお》であろう。

丸山真男の『現代政治の思想と行動』（未来社）は、戦後の学生、知識人によって読み継がれてきた、真のロング・セラーであり、戦後の観点から戦前を分析、批判するとともに、その方法論の基本的パターンを確立した、画期的な業績であった。

しかし、私は、丸山真男の学問的業績を認めるにやぶさかではないが、常々抱いていた一点の疑義を質《ただ》したい。

丸山真男は、東京大学において、『日本ファシズムの分析』という講演を行っている。その中で、太平洋戦争に至る日本の軍国主義を、ドイツ・ファシズムになぞらえて、「日本ファシズム」と命名し、その本質と特殊性を徹底的に分析している。

誤解のないように付言しておけば、これは、ドイツ・ファシズムを、公式的に、日本に適用しようとしたものではなく、むしろ、その「ファシズム理論」を梃子《てこ》にして、日本の昭和史を、その基本構造から再分析しようと意図したものである。

その問題意識、着眼点、論理性には、卓然《たくぜん》たるものがあるが、しかし、ここで丸山真男は、致命的な過誤をおかしてしまった。

それは、日本の軍国主義（丸山真男の規定によればファシズム）の担い手は、一部の軍国主義指導者（つまり、政界、財界、軍部の指導者）、並びに一般国民、そして、その国民の上に位置したところの「亜インテリ」（これも丸山真男の定義に従えば）、つまり、インテリぶっていた連中、の三者であった、と断定したことである。

そして、上記三者に全ての罪を着せ、真（？）のインテリ、知識人には、完全なる「無罪証明書」を発行してしまったことである。

これは、丸山真男の立論の、致命的な欠陥となっている。確かに、現象形態だけを捉えれば、そうした立論も可能ではあろうが、それでは余りにも一面的、表面的に過ぎるし、真（？）の知識人を無罪放免した結果が招来したものは、極めて甚大であったのである。

無責任な知識人を生んだ〝免罪符〟

丸山真男に免罪符を頂戴した戦後知識人は、うしろめたさを感ずるどころか、逆に、その無罪の上に居直ってしまった。すなわち、自分たちだけは、過去、昭和の二十年間、一点の過ちもおかさず、常にファシズムを批判し続けてきた栄光を担うものである、という極めて破廉恥《はれんち》な自覚の上に、安住してしまったのである。

しかし、そんなことは、果たして、歴史的事実としてあったであろうか。確かに、戦前、戦中を通じて、「政局の雲行きがどうもおかしい」「戦争の行方がどうもあやしい」といった、批判めいた呟《つぶや》きはあるにはあったが、例えば、石橋湛山のように、峻烈《しゅんれつ》なる批判と同時に、具体的方策をもって対峙《たいじ》した論客、インテリ、知識人はいたであろうか。私は、寡聞《かぶん》にして知らない。

丸山真男がいかに免罪にしようと、こうした批判がましき「呟きの徒」は、結局は為《な》すすべもなく、ずるずると時代の波に呑み込まれて行ったのであり、明らかに「同罪」であったはずである。

つまり、一国の岐路に直面して、何らの具体策も持ちあわせていない、単なる「口《く》説《ぜつ》の徒」、活字の上の「呟きの徒」だけが、その結果から無罪放免されるということは、人間社会の実相に照らしても、不合理なのである。

従って、丸山真男は、国家存亡の時に当たって、批判のみに止まり、実行可能な具体的対処方策を示せなかった知識人は、全て同罪である、と断罪すべきであった。しかるに、丸山真男は、批判的知識人にのみ免罪符を与え、戦後社会の特権者たらしめてしまったのである。

その結果は、戦後の論壇、文壇に、自らの過誤には全く無責任な知識人を輩出させ、自分たちだけは、「過去も正しく、現在も正しく、未来も正しい」という、誤った認識をはびこらせ、それを恬《てん》として恥じない風潮をつくりあげてしまった。

知識人のナルシシズム

ちなみに、戦後の文壇、すなわち、第一次戦後派作家たちは何を表現したか。私見によれば、たった二つのことしか表現していない。すなわち、ひとつは、自分たちがいかに戦争に抵抗し、その暗い谷間を正しく、美しく過ごしてきたかという、いわば、「懐かしのメロディー」を小説化したことである。

戦後派文学を代表するのは野間《のま》宏であり、野間宏を象徴するものは『暗い絵』である。その『暗い絵』には何が表現されているか。晦渋《かいじゅう》な文体にもかかわらず、その内容は、いかに国家権力に抵抗し、その横暴に耐えたかという、自画自讃のメロディーに過ぎない。

総じて戦後派の文学には、こうした「抵抗の歌」、それは何の効果も生じなかったにもかかわらず、自慰《じい》的抵抗のメロディーだけは横行したのである。

プロレタリア系作家たちもしかり。自分たちこそ、戦前のプロレタリアの伝統を継ぐものであるという誇りと、戦争中のささやかなる抵抗を自ら過大評価し、あたかも、国民の側に身を寄せて抵抗したかの如き、苦しい弁明を連ねているに過ぎない。

こうした姿勢は、戦後の論壇にも共通することで、自分たちがいかに戦前、戦中を通じ、戦争と国家権力に抵抗したかという弁明と、その度合い競争を展開したに過ぎない。もうひとつ、彼等は何を表現したか。美しき社会主義社会の未来像である。つまり、日本は早急に社会主義社会へと移行すべきであり、戦後はその過渡期に過ぎず、一刻も早く駆け抜けるべきであるという、社会主義社会待望論である。

畢竟《ひっきょう》、彼等は、過去の自画像を美しく描出することと、きたるべき理想的社会主義社会を表現すること、の二点に止まったのである。従って、彼等は、日本の戦後社会という現実には、徹頭徹尾、目をつむった。現実を直視し、論じ、表現するという、本来の使命だけは見事に忘れていたのである。

戦後は、一刻も早く通り抜けるべきトンネルであって、そのトンネルの先には、社会主義社会という光明が射しており、そのトンネルの手前で正しく、美しく生きてきた自分たちこそ、人民、大衆を引き連れて、その光明にたどりつくべき「使命」がある、という傲慢な風潮が、戦後の文壇、論壇を支配した。

つまり、戦後の文壇、論壇人は、何ひとつ戦後の現実を表現もしなければ、論じもせず、嘘に満ちた自らの過去を美化することと、日本には到来すべくもない、また、実際に到来もしなかった社会主義社会の「夢」「まぼろし」を、情熱をこめて語ったに過ぎないのである。

ちなみに、彼等の理想とした社会主義社会が、いかに「まぼろし」であり、「砂上の楼閣」に過ぎなかったかは、現在のソ連、中国、あるいはベトナム、ポーランドを見れば、もはや多言は要しないはずである。

現実を直視しなかった思想家

こうして、戦後知識人が「社会主義への夢」に酔い痴《し》れている間に、真に戦後を担い、復興を担ったのは、日々営々として労働に勤《いそ》しんだ国民の側であった。

本来ならば、戦後の文壇、論壇は、こうした復興に賭ける国民の熱意、そのひたむきな姿勢を表現し、論じなければならなかったはずであるにもかかわらず、遂に、その課題は果たされることなく、戦後史にひとつの空白を残してしまった。

その過誤の根源こそ、丸山真男の免罪符発行にあり、それに居直った戦後知識人の不《ふ》遜《そん》と、無知蒙昧《もうまい》なる国民を、「社会主義」へと教え導くという傲慢なる、一人よがりの「使命感」にあったのである。

かくして戦後の文壇は、一見隆盛を極めたかに見えるが、その内実は、現実を直視しない作家、同時代を表現しない作家たちの、奇妙奇天烈《きてれつ》な秘教集団の空騒ぎに終わったのである。

戦後文学の中で、もし、後世に残るものがあるとすれば、それは、戦後風俗を描いたものだけであろう。ところが、中村光夫《みつお》は、その『風俗小説論』において、風俗を描いた小説は、文学作品としては二流、三流に過ぎないという「論」を展開し、同時代の風俗、そして、その底を流れる時代の潮流から、作家たちの眼を閉ざすという役割を、果たしてしまったのである。

そもそも『風俗小説論』は、桑原武夫のいわゆる『第二芸術論』の発想を借用し、平野謙《けん》が昭和十年代に発表した『破戒論』に材料を得て、拡大解釈したに過ぎないのであるが、同時代を表現しないという、戦後の風潮には拍車をかけた。

かくして、戦後約十年間、知識人は「社会主義」への夢で脳裡《のうり》をいっぱいにし、現実を直視せず、同時代の課題には目をつむり、空虚な饒舌《じょうぜつ》に終始したのである。この風潮は、ある意味では、今日までも続いている。

丸山真男が、戦前の日本に関する限り、あれほど明晰に分析し、論及しておりながら、戦後に関しては、遂に、何ひとつ言及できないまま、六〇年安保を境に、沈黙してしまったところに、戦後知識人の本質が、見事に象徴されている。

しかし、丸山真男は沈黙したが、他の知識人たちはどうであったか。一転して饒舌となり、空理、空論をもって、いや、理も論もない空弁空談をもって、無意味に騒ぎ立て続けてきた。

現在、小説は魅力を失い、言論に見るべきものがないと言われているが、これは何も今始まったことではない。戦後一貫して、文学史、思想史的には、戦後は一大空白期なのである。

その根本は、本来、作家なり、思想家なりが、それとのかかわりの中で、自らの発想を構築すべき現実を、全く顧《かえり》みなかったところにある。そして、過去の自画像に対するナルシシズムと、空想的社会主義への讃歌に埋没し、内心では軽蔑しておりながら、国民を教導するという、思いあがった「指導者気どり」の中にあったのである。

戦後を支えた実務家たち

戦後知識人のこうしたていたらくの中にあって、真に「戦後」という時代を支えたのは、実は、「実務家」たちであった。

彼等は、黙々として時代の課題を担い、全知全能を傾けて、戦後の復興とそれに続く高度経済成長、そして、今日の国力充実の基礎を築いたのである。その苦心の過程は、自ら語ることもなく、むろん、知識人によって語られることもなく、わずかに、一部の実務家たちの回想記の中に、当時の労務対策の苦労などが、断片的に綴られているに過ぎない。

戦後の左翼的風潮は、あらゆる「運動」の中に闘争主義を持ち込み、学生運動、労働運動はもとより、全ては現状否定の「反対運動」であり、その公式主義、教条主義には、目を覆うものがあった。しかし、戦後の実務家たちは、そうした左翼の嵐の中で逆に鍛《きた》えられ、労務対策を学び、人間関係の対処方法を学んだのである。

つまり、戦後の現実を直視し、そこに身を横たえ、その中から最も深く学んだのは、彼等、実務家たちであった。現在、わが国の経済的安定もさることながら、諸外国に例を見ない、社会的安定をもたらしている根本は、戦後の闘争主義一点張りの労働運動、学生運動に鍛えられた実務家たちの、人間関係への深い洞察力と、その対処法が、社会的叡智として結実しているからに他ならない。

つまり、戦後の職場や大学における、熾烈《しれつ》な要求運動に、現場の実務家たちが、試行錯誤をくり返しながら対処してきた「知恵の蓄積」が、今日の社会安定の基礎をなしているのである。

戦後は、文壇、論壇に関する限り、不毛の時代であったが、実務家たちにとっては、日本の社会運営のあり方、機微《きび》を、身をもって体得することのできた時代であり、それが今日の繁栄につながっているのである。

こうした実務家たちの陰の努力、沈黙の営為《えいい》を通して、わが国独得の「人間関係調節法」ともいうべき不文律《ふぶんりつ》が、微妙な現場感覚として定着しており、現代日本の社会的安定に寄与している。戦後を通じての、最大の成果はここにある。このことをこそ、戦後知識人は論理化し、言語表現すべきであったはずであるが、今日に至るも、ついにそれは果たされていない。

戦後の驚異的復興、そして、それに続く高度経済成長、更に、現在の国力充実の根本は、論壇、文壇の大言壮語《たいげんそうご》にあったのではなく、現実を直視し、その中に身を投じ、そこから社会運営のあり方、人間関係のあり方の秘訣《ひけつ》を学んだ、実務家たちにあったということを、もう一度、考えるべきではないだろうか。

実務家の現場感覚が戦後を作った

もっとよく御覧にならなくては。

セルヴァンテス『ドン・キホーテ』

2　「六〇年安保」は未来への祝祭

「安保」とは何であったか

「六〇年安保」を、戦後史の一大エポックとする説は、今や、完全に定説化している。安保闘争とは、一体何であったのか。種々論じられてきたが、今もってはっきりしない。

まず、わが国空前の国民的行動であったことは確かであり、私はあえて安保「騒動」と言うが、これを肯定する側は、安保「闘争」と言うように、すでにその呼称で評価が異なってくる。

肯定する側は、「草の根」民主主義の、一大民衆蜂起であったと評価するが、しかし、民主主義的政治行動であったとするならば、それでは一体、何を要求し、いかなる目的を貫徹する為の闘争であったのか、と問えば、途端《とたん》に答は不明瞭となってしまう。

例えば、日米安保条約の延長が、当時の日本にとって、国民の活力を減退させ、日本の国力を衰微させる、絶対的「悪」であるということが、果たして自明の理であったかといえば、これは誰しも「否」と答えざるを得なかったはずである。

最近、「安保ただ乗り」論がかまびすしいように、安保条約があったればこそ、戦後の経済立国も可能であったのである。もし、この日本側に一方的に有利な、日米安保条約がなかったならば、わが国の発展もあり得なかったであろうという点に関しては、誰しも異議はないはずである。

もちろん、日本の社会主義化をめざす一群の人々にとっては、大いに異存があろう。彼等にとっては、アメリカとの紐帯《じゅうたい》を断ち切ることが正義であり、アメリカとの関係が少しでも希薄に、あるいは絶縁状態となり、アメリカが日本を守ってくれないことの方が、望ましいのであるから。

そして、ソ連が入ってきて、日本が社会主義化して、初めて彼等の「夢」は完成するのである。従って、アメリカとの絆《きずな》である安保条約は、延長どころか、そもそもの存立からして大反対なのであり、彼等の六〇年安保闘争の原理というものは、自《おの》ずから明瞭であったのである。安保条約に限らず、全てのアメリカとの連携、資本主義的政策には猛反対なのであり、現に反対もしている。

こうした一握りの革命党派人はさておき、ほとんどの進歩的文化人が評価するように、六〇年安保が、国民の自発的、民主的政治行動であったと解釈する限り、論理は大いに矛盾してくる。

なぜならば、第一に、日米安保条約は、極めて有益な、願ってもない条約であったことは、歴史の経緯が完全に証明していたことであるから。

第二は、一九六〇年の時点において、日米安保条約の改定及び延長が、日本の社会主義化を度外視すれば、わが国の民主化、国力の充実に、なんらのマイナス要因ともならないばかりか、その廃棄が、国民生活に平和と安定をもたらすという論理も、成り立ち得なかったのであるから。

日本人独特の「面子意識」

それでは、あの空前の国民行動の正体は、一体何であったのか。私は、「強行採決」に対する、国民の憤激ではなかったかと考えている。この「強行採決」という言葉も、日本的ニュアンスをもって考えないと、たちまち過《あやま》ってしまう。「強行採決」とは、論理的には「多数決」のことであり、「多数決」は、民主主義の根本原則のはずである。しからば、わが国の戦後民主主義は、多数決の原理を否定するのかといえば、決してそうではない。ただ、多数決の方法に、わが国独得の情緒が込められており、その情緒的ルールを無視したところに、あの国民的憤激が爆発したのではないか。

わが国の多数決には、事前に根回しが行われ、多数側の少数側に対する説得が工作され、双方の合意と納得が、あらかじめ舞台裏で決定されており、その上で、形式的採決をもって事を決着するというのが、日本的多数決の根本原則なのである。

ところが、六〇年安保に関しては、その肝心な根回し、事前の説得、話合いによる相互納得という条件が、満たされなかったが為に、あの大々的な国民行動となってしまったのではないか。従って、あの安保騒動は、わが国に欧米流の民主主義、多数決原理をそのまま適用しても、有効に機能しないという教訓となったはずである。

以降、日本の政界、財界を問わず、あらゆる組織において、多数決は儀式、セレモニー（式典）に過ぎないという認識が定着し、その前に、少数派の「面子《メンツ》を立てる」という、極めて日本的情緒的な第一次セレモニーが成立しない限り、第二の多数決というセレモニーも、有効に機能しないという認識が、改めて確認されたのである。

従って、六〇年安保は、こうした日本的民主主義の根本原則が確認、確立される為の国民行動であったと解釈しない限り、論理上、一貫性を欠いてしまう。

欧米流の多数決原理に従えば、「強行採決」は可能のはずであるし、自民党が過半数を占めたところで、それは選挙の結果であり、それ自体、民意の反映である以上、それを非とすることは、「代議員制度」を根本から疑うことにもなろう。

しかし、論理的にはそうであっても、実行に当たっては、歴史が培《つちか》った国民感情を、無視することはできない。六〇年安保に関する限り、「少数派の面子を立てる」という、わが国民感情を無視したことが根本であり、安保「改定反対」とか「延長反対」というのは、単なる口実に過ぎなかった。

つまり、日本人独得の「面子意識」が、あの時に、集中的に爆発したに過ぎなかったのである。

岸信介と「ヤンキー・ゴー・ホーム」

しかし、六〇年安保の原因は、それだけではない。

結局、日米安保条約は自然延長となったわけであるが、もし、日米安保条約を論理的に非とするのであるならば、自然延長後もその無効、撤回を求め、デモ、座り込みは、続けられなければならなかったはずであるし、また、強行採決に対する感情的爆発のみであったならば、その撤回、白紙還元が宣言されない限り、あの安保騒動は続くはずのものであった。

しかし、条約が自然延長となるや、あれほど熾烈《しれつ》であった国民運動が、一瞬にして鎮火してしまった。それはなぜであるか。強行採決を行った自民党が野に下り、野党が政権を奪取したわけでもない。確かに政権交替は行われたが、それは、同じ自民党主流派の池田勇人《はやと》へであった。

にもかかわらず、あの運動は、一瞬にして静まりかえった。何が国民を納得させたのか。考えられることはただひとつ、岸信介《のぶすけ》首相の退陣である。あそこまで盛りあがった国民感情が、一瞬にして納得した、その前後の脈絡を考えるならば、全ては岸信介の退陣に帰着せざるを得ない。

つまり、岸信介が、天皇陛下を例外とすれば、実質的に日本のナンバー・ワンの座に、いつまでも居座り続けることに対する、複雑な国民感情が、あそこまで運動を盛りあげた原因ではないか、と考えざるを得ないのである。

もうひとつ考えられることは、アメリカ、進駐軍に対する、いわくいいがたい、複雑な国民感情である。わが国は有史以来、初めて外国に占領されるところとなったわけであり、当時、マッカーサーを「ヘソ」と言った。

つまり、「朕《ちん》」の上にある、という卑俗なたとえに過ぎないが、常に日本の最高権力者であったはずの、それによって国民精神が安まっていたはずの天皇の上に、マッカーサーが君臨したことによって、わが国民感情は安定を失い、処理しきれぬ情念のわだかまりとなって、戦後だらだらと尾を引いていたのである。

それが六〇年安保に一挙に噴出し、燃えあがる情念の炎と化したのではないか。そう考えざるを得ない。

つまり、あの安保騒動の底流には、ひとつには、岸信介に対する国民的反発という側面があった。そして、それが、彼の退陣をもって、一瞬にして運動が終息した原因であろう。

もうひとつのファクターは、「ヤンキー・ゴー・ホーム」のシュプレヒ・コール（よびかけ）に込められた、日本国民の複雑な情念である。当時、公式的には、占領下ではなかったが、GHQ治政下にあった時代の日本国民の異和感、屈辱感が、処理しきれぬままわだかまっていたのである。その、アメリカに対する心情的「借り」を返す、というファクターが、六〇年安保の、もうひとつの側面であったと思われる。

それでは、なぜ岸信介は、それほどまでに国民の反発を買ったのか。ここには、日本人の嫉妬心の構造が、如実に現れている。すなわち、岸信介は、戦前において、すでに一時代を画した人物なのである。

「今太閤」と呼ばれた商工大臣の小林一三《いちぞう》ですら、岸信介次官に対しては、憚《はばか》らざるを得なかったと言われたほど、隠然《いんぜん》たる力を持った、優秀なる高級官僚であったのである。つまり、戦前において、すでに「岸信介の時代」というものは、あったのである。

そして、戦後は「戦犯」となって、巣鴨に収容された。イガグリ頭で、タバコを吸っている「写真」に象徴されるように、みすぼらしい戦犯生活を送った後、彼は再び政界に復帰し、瞬《また》く間に首相の座に登りつめてしまった。

すなわち、岸信介は、戦犯時代を中に挟み、戦前、戦後の二つの時代に屹立《きつりつ》したのである。「戦犯」といっても、前述したように、アメリカの「でっちあげ」に過ぎず、岸信介の公式の履歴には、何の汚点もないわけであるが、いずれにしても、戦前と戦後の二つの時代にまたがって、指導者の地位を確保した人物に対しては、わが国民感情は、寛大にはなれないのである。

こうした岸信介に対する国民的反発に、「ヤンキー・ゴー・ホーム」の情念が拍車をかけ、更に、「強行採決」という、日本的民主主義違反が追い討ちをかけ、六〇年安保騒動は、空前の規模で爆発したのである。

日本的民主主義の完成

従って、岸信介が退陣するなり、日本的情念の発作は収まり、同じ党派の、同じく官僚出身の池田勇人が首相となっても、事態は一瞬にして平静に返った。

恐らく、あの時の、岸信介に対する「怨念」というものを、日本人は、未だ充分に自覚しているとはいえない。

もし、あの時の首相が岸信介ではなく、例えば、その前任者であった石橋湛山であったならば、石橋湛山もどちらかといえば、大衆政治家にはほど遠く、自らの信念のままに押し通すタイプの政治家ではあったが、その場合に、果たして、あれほど熾烈な安保騒動に発展していたであろうか。私は「否」と答えざるを得ない。

従って、あの六〇年安保は、進歩的文化人の定義と評価にはほど遠く、その本質は、以下の三点に要約できるはずである。

第一は、「強行採決」に対する感情的反発であり、少数派の面子を立てる為の、事前の話合いという、日本的な民主主義のルールを無視したこと。

第二は、占領時代に鬱屈《うっくつ》していた反米感情が、安保条約改定を機に、一挙に、理性を超えた情念として噴出したこと。

第三は、岸信介に対する無意識的な許せざる、納得できない国民感情が伏在していたこと。

以上の三点である。

従って、安保騒動の本質は、大正政変に極めて近いと言える。つまり、桂《かつら》太郎が政界に復帰したことに対する、あの時の国民感情の反発と、六〇年安保時の岸信介へのそれは、ほぼ同質のものではなかったかと思われるからである。

安保騒動以降の日本の指導者層は、あの情念の発作に、実に多くのことを学んだはずである。そのひとつは、方式としての多数決が、わが国では有効に機能しない、むしろ、事前の話合い、根回しこそ肝心であるということである。

更に、岸信介に象徴されるように、その生涯において、二度も檜舞台を踏むことは、わが国民感情が許さないということである。

その結果、六〇年安保を境に、日本の政治的決議方法は、大きく流れを変えてしまった。新聞は相変わらず「強行採決」と書き立て、事実、表面的には「強行採決」されているかの観を呈しているが、それはあくまでも、新聞用語的強行採決であって、実質的には、全て事前の話合いがついての上の、形式的採決に過ぎないのである。

従って、安保騒動は、日本的民主主義原理の再発見、及びその定着の為の、やむを得ざる軋轢《あつれき》であったと同時に、安保騒動をもって、「戦後は終わった」とも言えるだろう。

戦後、アメリカの民主主義が形式的に移植され、それを咀嚼《そしゃく》し、日本化し、定着させるのに十五年かかった。すなわち、一九六〇年をもって、日本的民主主義は完成された、その国民的祝祭こそ、安保騒動の根幹ではなかったろうか。

とすれば、六〇年安保以降を、精神史的にも現代ということができよう。

六〇年安保を契機として、「日本」の方法と方向は決定したのであり、その意味でも、あの国民的行動は、過去の情念のカタルシス（浄化）であったと同時に、未来への祝祭でもあった、と言えないだろうか。

牝鶏はたった一つの卵を生むのに、けたたましい声をあげる。まるで惑星でも生み落したかのように。
マーク・トウェイン

3 「ツケ」を支払う国民の知恵

革新系首長と「ひずみ」の関係

現代史において、東京都・美濃部《みのべ》知事、大阪府・黒田知事、京都府・蜷川《にながわ》知事の三者に象徴されるように、全国的に革新系の知事、市長等が、一斉に登場した時期があった。

蜷川知事の場合はちょっと異色で、京都学派のある学者をして、「平清盛だって、あれほど長くは京都を支配しなかった」と、言わしめたほどの長期政権で、異例中の異例に属するが、最も典型的に時代の傾向を反映したのは、美濃部、黒田、両知事であったと思われる。

当時、新聞、マスコミは、あたかも「革命前夜」にあるかの如く興奮し、嬉々として「保守、革新の対決」「保守から革新へ」などのキャッチ・フレーズをもって、「革新」がいよいよ、地方自治体を席巻《せっけん》するかの如く報道した。

そして、そうした雰囲気は、マスコミばかりでなく、進歩派文化人、国民の間にも存在した。石橋湛山《たんざん》の「参謀」であった石田博英《ひろひで》ですら、そうした傾向が、ますます増大するのではないかと、『中央公論』誌上で憂えたほどであった。

すなわち、自民党が漸次都市圏において票を失い、頼みの農村は過疎《かそ》化の一途をたどり、もって自民党の退潮、社会党の政権奪取という方程式が、あたかも目前に迫っているかの如き予感が、時代を覆ったのである。

しかし、今日振り返って見ると、それは「一場の夢」に過ぎなかった。現在では、革新系の首長では、自治体政治が立ち行かぬということが、事実をもって証明されてしまった。

あの、国民の期待を一身に担い、新しい時代の到来を告げるべく登場した革新系の首長たちは、一体、いかなる功罪を残して行ったか、今では国民の全てが知っている。いたずらに公務員数を増やし、政治効率の減退を招くとともに、財政の異常な膨張、悪化を招来してしまったのである。

そこで再び保守系へのバトン・タッチが行われ、形式的には、保守、革新双方の支持の下に、かつての内務官僚の直系である自治省行政職たちが、地方自治体の首長として、膨張した財政の引き締めに、努力しているのが今日の姿である。

こうした「保革相乗り」の風潮に、「選挙本来の姿ではない。もっと激突すべきである」と、切歯扼腕しているのが、一部の新聞の論調である。つまり、それほどに、現在の自治体政治は安定しているのである。

それでは、一体なぜ、革新系の首長がこぞって登場するという、一時期があったのであろうか。思うにその時期は、「公害論争」の絶頂期と符節を合している。すなわち、高度経済成長の「ひずみ」が、一挙に表面化した時期である。

高度成長の「ツケ」

わが国の高度成長は、欧米、とりわけアメリカの高度技術、先端技術の粋《すい》を移植することによって、飛躍的に技術革新が進んだ結果、達成されたものである。いわば、先を行くマラソン・ランナーの後にひたとつけ、その走法の有効な部分だけを模倣するという技術革新、高度成長であった。

それだけに、その結果に対する対策は、どうしても後手にまわらざるを得ず、種々の「ひずみ」「ゆがみ」を生じてしまった。その集約されたものが、「公害現象」であった。そして、その公害現象が、最もはっきりと露呈した時点において、主要都市が、革新系の首長によって占められるという事態が生じたのである。

これは一体どういうことであったか。山崎正和《まさかず》（評論家、劇作家）の言を借りれば、その辺の事情は、合理的に説明がつく。

つまり、保守系主導下における高度経済成長は、あまりにも早急に、能率的に達成されたが為に、その「ひずみ」「ゆがみ」という後遺症は、どうしてもどこかに現れざるを得ない。それを一言で言うならば、公害現象ということになるが、これは、いわば、高度経済成長の「ツケ」である。昔の古い便所でいうなら、はねかえってきたオツリである。

ちょうどその「ツケ」がまわってきた時に、すなわち、何らかの形で、公害を処理しなければならなかった時期に、歴史のいたずらの如く、革新系首長が一斉に登場して、公害反対運動を静めるという、皮肉な役割を果たしたのである。

と同時に、企業側も、公害対策、無公害技術に懸命に取り組み、瞬く間に克服してしまった。そして、公害反対闘争が、大きな社会問題と化する前に、その芽を摘《つ》み取ってしまったのである。

従って、保守系にとっては、高度成長の「ツケ」がまわってきたいちばん苦しい時に、公害反対闘争側と同じ政治基盤の上に立つ、革新系の自治体首長がその衝《しょう》に当たり、まわってきた「ツケ」を、支払ってくれたということができる。

もし、あの時に、相変わらず保守系の首長であったならば、公害反対闘争側は、真向《まっこう》から激突していたはずである。

ところが、同じ政治的脈絡にある革新系の首長であったが為に、自《おの》ずから公害反対闘争は鈍らざるを得なかったのである。これが、革新系首長たちの果たした歴史的役割であり、功績であった。

うまく「ツケ」を処理した現代史

その一方で、彼等は二つの政治的過誤をおかしてしまった。ひとつは、無際限に公務員を採用し、自治体の財政を圧迫するとともに、政治効率の夥《おびただ》しい低下を招いたこと。

もうひとつは、福祉行政における「ばらまき」政策を行ったこと、である。

福祉行政そのものには、誰しも異存のないところであるが、それが国民の税金で賄《まかな》われる以上、効率的配分は、当然問われてしかるべきはずである。それを革新系首長は、見せかけだけの「ばらまき」福祉に終始してしまった。

そして、パーキンソン（イギリスの歴史・経営学者）の法則を地で行くような組織の肥大化、非効率化を招来し、財政の破綻をきたしてしまった。

従って、革新系の首長たちは、公害に象徴されるような、保守系政策の「ツケ」を処理するという、時代的要請に応えるとともに、今度は、「福祉のばらまき」「組織の肥大化」「政治効率の低下」「財政の破綻」という「ツケ」を、後に残してしまったのである。

そこにこそ、「第二臨調」の存在理由があるわけであり、肥大化した組織、破綻寸前の財政の引き締め、建て直しが、今日の課題となっているわけである。

従って、高度成長時代、公害時代、臨調時代と、それぞれの時代に、最も良き担い手が現れ、適切に処理されてきたのが、わが現代史ではなかろうか。

恐らく、「今は公害時代だから、革新系の知事に登場してもらおう」などという意識は、国民の誰にもなかったはずである。しかし、微妙な国民的叡智、アダム・スミスいうところの「見えざる神の手」が働き、わが国にとっては、最も無難に公害時代を切り抜けられたのではなかろうか。

国民の知恵が「見えざる神の手」

もっとも、こうした政治的配慮もさることながら、現在、わが国の技術革新が更に躍進し、世界で最も公害の少ない国となり得たのは、たゆまぬ企業努力によるものであることも、忘れてはならないだろう。

都留重人《つるしげと》（経済学者）の報告によれば、ソ連の公害は日本の比ではなく、あのバイカル湖が、途轍《とてつ》もない腐敗にさらされているというように、今では、社会主義国の方こそ、公害問題に悩まされているようである。中国の場合にも、毛沢東時代の末期に、山林をことごとく伐採してしまったが為に、大洪水を惹《ひ》き起こし、漢口《かんこう》（武漢）の町が、粘土煉瓦製の為溶《と》けつつあるという報道もなされている。中国の家屋は、土を固めたものがほとんどであるから、一旦水浸しになるや、町全体が融解してしまうのであろう。

こうした途轍もない社会主義国の公害現象に較べれば、日本の公害などは、たかだか知れたものに過ぎないが、それでも各企業は懸命に工夫をこらし、技術革新を重ね、具体的機械設備をもって、公害現象を消滅させてしまったのである。

ここに革新系首長の存在理由はなくなり、その放漫財政の「ツケ」を処理すべく、「保革相乗り」の「行革首長」が登場し、今日に至っているのである。

こうした現代史の流れを見ると、本当に「見えざる神の手」が、時代の一コマ一コマを、前に押し進めてきたかのように思えてくる。むろんそこには、歴史が培《つちか》ったわが国民的叡智が、微妙に働いていたことも否定できない。

昭和四十八年（一九七三年）の第一次石油ショック時に、日本の主婦たちが、トイレット・ペーパーの買いあさりに奔走するという、笑えぬ喜劇があった。しかし、日本の主婦たちの賢明なところは、その教訓に即座に学んだことである。

後日、石油ショックなるものは、実は、日本にはなかったのだ、ということが判明するや、第二次石油ショック時（一九七九年）には、もう主婦の誰ひとりとして、トイレット・ペーパーを買いには走らない、平然として事態を見守る、という姿勢を貫いたのである。

日本の戦後史に一貫して言えることは、全てが未曾有《みぞう》の経験の中で、その一つひとつを教訓として汲み上げることにおいて、日本人がいかに鋭敏かつ真剣であり、賢明であったかということである。

そうした教訓が、知らず識らずの間に蓄積されていて、国民的叡智、「見えざる神の手」と化し、例えば公害時代には、革新系の首長が登場して、その歴史的使命を果たすというように、わが戦後史を動かしてきたのではないかと思われる。

石油ショックの場合も同様、新聞は、今にも日本が沈没するかの如く騒ぎ立て、通産省は実態を隠し、石油を規制する法律を作りたいが為に、いかにもパニック（恐慌）が到来したかの如く、社会的演出を行ったわけであるが、その実態が明らかとなり、日本のエネルギー産業に、少しも致命傷ではなかったと判明するや、次からは、トイレット・ペーパーを買いあさるという愚行を演じないという、日本の主婦たちの姿勢にも通じている。

これは、一見当然のことのようだが、考えてみれば、そこには、一度の経験で事後に備えるという、大いなる叡智が働いているのである。

この主婦たちの、経験に学ぶことの敏感さ、その対応のしたたかさこそ、わが国民性の象徴であり、叡智であろう。今日の国力の充実を考える時、日本民族のこの叡智、高度な判断力というものは、忘れてはならないだろう。

夢さめてそこらあたりを探して見
『誹風柳多留拾遺』

4　一億総知識人時代の大学像

一人前の「けじめ」がなくなった

毎年、正月の十五日に、各地方自治体において、満二十歳に達した成年男女を集めて、「成人式」なるものが盛大に行われる。戦後の儀式の中でも、これほど愚かしい、無意味な行事も少ない。

この成人式を当て込んで、和服業界が毎年キャンペーンを張り続けた結果、今では、女性が着物で出席するという習慣が、全国的に定着してしまった。

ところが、成人式のセレモニーが終わるや、そのままラヴ・ホテルへ直行するカップルも相当あるらしく、当日は、「帯、結べます」という張り紙の出ているラヴ・ホテルが見かけられるという。この張り紙は、親に着せ付けてもらって家を出たまではいいが、自分では帯ひとつ結べないという、実に空虚な世相を象徴している。

成人式とは、ひとりの人間が「一人前」になったということであり、以後は、全てを自己の責任において処理すべきであるということを、はっきり本人に自覚させる儀式でなければならないはずである。

昔の武家社会でいうなら「元服《げんぷく》」に当たるし、商人社会でいうなら、丁稚《でっち》から手代《てだい》への昇格という、きっちりとした「けじめ」のはずである。すなわち、社会的責任を自他ともに認めるという、はっきりとした「区切り」としての儀式でなければならないはずである。

ところが戦後、一体いつからが成年であり、いつまでが未成年であるのか、その社会的「けじめ」が、非常に曖昧になっている。選挙権とか、喫煙権の上からは、一応二十歳が法的目安となっているが、それが大学生活の途中で訪れてくる為に、社会全体としての絶対的「けじめ」というものは、全くないに等しい。

一般的には、大学卒業をもって「けじめ」と考えているようだが、しかし、それ以前に選挙権その他、法的には成年に達しているのである。かといって、入社試験に親が付き添ったり、東京大学の卒業式には、卒業生の数より親の数の方が多い、などと言われる現状であってみれば、法的には成年でも、社会的には未成年として扱われても仕方がない。

従って、二十歳の成人式などというものは、何の社会的「けじめ」にもならない。すなわち、「一人前」として本人も自覚し、社会もそれを公認するという儀式は、戦後社会にはないのである。

社会的要請に適応できない大学

そこで現在は、大学進学率が非常に高いところから、大学卒業、就職をもって、「けじめ」とする暗黙の合意が成立しているようである。

こうした大学進学率の高さ、つまり、大学の大衆化現象を前にして、大学自体の存在意義、目的も、ようやく問い直され、変更を余儀なくされているようである。

戦前の大学は、あくまでも「学問の府」であった。それだけに進学率も現在の比ではなく、就学人口は極めて少なかったのである。ところが現在の大学は、昭和初期の全国の中等学校教師の数よりも、現在の大学教授の数の方が多いと言われるぐらいに、大規模化し、大衆化し、もはや「学問の府」ではなくなっている。

本来「学問」というものは、学問に対する意欲、適性のある者が進むべき道であって、それ以外は、ことさらに学問をする必要はないのである。

今日、大学が大衆化し、もはや「学問の府」ではなくなっている以上、古典的大学のイメージに固執し、学問をしたいと思わない者、あるいは、その適性を持っていない者に、教壇の上から無理矢理に、学問らしき「エセ学問」を押しつける必要は、全くない。

むしろ、現在の大学は、過酷な受験勉強（これも、本来の勉強というものにはほど遠く、いわば、受験技術習得の為の、職人芸的なものに過ぎないが）の末に、やっと入学し、そして四年後には、実社会に出て行かなければならない学生たちの、モラトリアム（猶予期間）であり、人生の執行猶予期間であると考えるべきであろう。

そして、それが全くの無駄であるかといえば、必ずしもそうとは言い切れない。例えば、受験勉強と就職とが、そのまま接続しているようでは、人間の心の豊かさ、生活の幅というものは、恐らく終生身に付けることなく、人生は終わってしまうであろう。

従って、現在の大学は、古典的イメージの「学問の府」としてではなしに、やがて、多方面に出て行かなければならない人間の、人間としての魅力、幅をみがく為の、心にゆとりを持って過ごせる期間、場へと変わって行くべきであろう。

すでに、圧倒的多数の学生たちは、四年間の学生生活は、人生のモラトリアム期間であり、実人生へ向けての精神的英気を養う期間である、と自覚しているのに、現在の大学は、そうした要請には全く応えていない。

現在、政治、経済、文化を問わず各方面のあらゆる制度が、刻々と変化する社会的要請に、迅速《じんそく》に適応して行っているのに、大学だけは、旧態依然《きゅうたいいぜん》として「学問の府」という看板にしがみつき、すでに流れは変わっているにもかかわらず、自らの姿勢を変えようとはしていない。

学生たちは、学者になるつもりもないし、高度な学問を修得するつもりもないのである。もっと多面的に活用、応用できるような講義を望んでいるし、講義だけではなしに、レジャー、スポーツまでをも含めた、総合的な、豊かな大学生活を望んでいるのである。

しかるに大学側は、十年一日の如く、古ノート読みあげ式の、しかも、ほんの外面だけの講義をくり返しているに過ぎない。従って、新入生は、大学生活の入口で全く失望してしまい、いわゆる「五月病」は、当然の如く蔓延《まんえん》するのである。

モラトリアム期間を過ごす大学像

幸いにして、向後《こうご》出生率はどんどん減少する傾向にあり、つれて就学人口も低下して行くはずである。従って、教室、その他の設備等にも、相当のゆとりが生ずるはずである。

そのチャンスを逃さずに、大学側自体、自己革命を行うべきであろう。

まず第一に、講義オンリー方式をやめることである。しかも、必ずどこかの本に書いてあり、むしろ、本を読む方が遙かに能率的であるような講義は、即刻やめるべきであろう。

第二に、あまり「学問」にはこだわらず、レジャーまでをも含めた、全人間的教育機関であることをはっきり認識し、それに即応した形態をとることである。

例えば、現在の大学にいちばん欠けているのは、真の意味のキャンパスであろう。まず、学生たちが、学園における自由時間を、ゆったりと過ごせるような空間を確保することである。そして、講義のない日、時間でも、学生たちを常に、キャンパスにひきつけられるようにすることである。

現在のような、「教室か、しからずんばグラウンド」というようなキャンパスのあり方ではなしに、大勢の学生たちが、広いキャンパスのあちこちで、スポーツをしたり、会話を楽しんでいるというような、悠然と「時」を過ごせる、文化的な香りに満ちた、真の意味のキャンパスが必要であろう。

第三に、設備を整え、スポーツを振興させることである。そのスポーツも、現在の体育教科のような、単位を取る為の、およそ魅力のないスポーツではなく、もっと自由な、レジャー的なスポーツが、キャンパスの中で行われ得るような、施設を充実させることである。

第四に、講義中心主義に代えて、もっと小人数のゼミナール方式を拡充することである。どの書物の中にもないような、独創的な講義のできる教授は別として、必ずどこかの書物に「ネタ」のあるような講義は、即刻とりやめ、直ちにゼミナール方式へと移行すべきであろう。

そのゼミナールも、現在のような採点主義では意味がない。単位の為の、あちらの本、こちらの書からの抜き書きに過ぎない、レポート中心のゼミではなく、人事百般、社会百般を、単位に関係なく、ともに考え、ともに討論し合い、もって人間としての深み、思考の幅を身に付けられるようなゼミでなければならない。

従って、今後の大学は、現在の教養課程のカリキュラム（教科課程）のような、まるで寿司屋のワン・セットのような、講義中心の教育ではなしに、フリー・トーキングのゼミナール方式、スポーツ、レジャーを含めた、良い意味での、人生のモラトリアム期間を充実させるべく、使命感を持たなければならないであろう。

実学のための基礎作りを

大学紛争は、未だに、その真因は解明されないままであるが、恐らく、大学制度のあり方と、学生たちの意識との乖離《かいり》が生んだ、軋轢《あつれき》であったはずである。

現在、その乖離はもっと大きく、いつ再び大学紛争が起こっても、不思議ではない状況下にあるが、学生たちは、欲求不満を抱きながらも、それをぶつけることができないまま、鬱屈《うっくつ》しているというのが、現状のようである。

一方、企業側は、大学には何の期待も持っていない。現在の大学は、基礎的な文章の書き方も、人との応対すらもできない学生たちを、卒業証書一枚で社会へ放り出し、あとは無責任にも「知らぬ顔の半兵衛」であるということは、あらゆる企業が、先刻承知していることなのである。

従って、企業は、新入社員を迎えるや、猛烈な教育、研修を行う。すなわち、社会人として通用する実学は、全て企業側がやってくれているのである。

それならばなおさらのこと、大学はもっと別の角度から、全人教育を目指すべきなのに、旧態依然として、古ノート読みあげ式の教育にしがみついている様《さま》は、アナクロニズムを通り越して、滑稽でさえある。

昔のように元服というものがなく、自他ともに「一人前」と認める、社会的儀式がない以上、せめて、大学の四年間に、人間としての平衡感覚、公正な判断力、豊かな人間性を育《はぐく》むべき社会的要請が、大学には課されているはずである。

その為にも、「学問の府」はもちろんのこと、教育機関的自意識をも捨てて、総合的ディスカッションの場、精神的レジャーの場としての大学に徹し、新しい筋の通った「大学像」を、樹立すべき「時」ではなかろうか。

十年一日の如き講義教授は速《すみ》やかに教壇を降り、学生たちの中に身を置き、その相談相手として、雑談会でもした方が、形骸化した講義よりは、はるかに意義がある。そして、自らの講義の「ネタ」を明かし、学生たちが、直接文献に参与するように仕向けるのも、有効かつ効率的なことであろう。

大学は、今後とも、全ての国民が入れるものでもないだろうし、恵まれた境遇であり続けるであろう。

であるならばなおのこと、人間の豊かさ、深み、幅を身につけ、あるいは、今後の実社会での実学を身に付ける為の、柔軟な基礎作りをしておくという社会的役割を、大学自らが率先して果たすべきであるし、そうすることによって、新たなる大学紛争の芽も、摘み取ることが可能であろう。

全人的教育の必要性

更に、各大学の孤立主義というものにも、そろそろ終止符を打つべきではなかろうか。筑波学園都市計画のようなものは別としても、ブロックごとに各大学が結合し、講義の交換、図書の交換を行うことによって、どれほどの経費が浮くかは、はかり知れないものがあるはずである。

例えば、一地域の大学が、共同で図書を購入すれば、当然重複は避けられるし、更に分担を決めて購入すれば、保存図書館、学習図書館、研究図書館というように、分類も可能であるし、学生たちはそれぞれの目的に応じて、各大学に赴けば良いわけである。

そうした場合のメリットは、学生たちの人的交流はもちろんのこと、それによって浮く経費は、莫大なものになるはずである。同様に講義の方も、好きな大学の、好きな教授の講義を受けられるようにし、どこの大学でも、単位の取得が可能であるようにしてはどうだろうか。

もちろん、そうした場合に、有能な教授の講義には学生たちが殺到し、魅力のない教授の講義には、閑古鳥が鳴くということになり、反対する教授たちの現れるのは必定であるが、少なくとも、現代の学生たちが、もはやレディ・メードの講義、形骸化した講義には、満足し得なくなってきているということは、自覚すべきであろう。

今日の学生たちは、講義の内容もさることながら、それをいかに、自分たちの心琴《しんきん》に触れるような形で、伝達してくれるかに、非常な興味と関心を抱いている。つまり、人間と人間の触れ合いという形の中で、学問なり、教養なりを伝えて欲しいと望んでいるのである。

そうした肝心の点を看過し、形骸化した講義をくり返している限り、大学はますます、精神的に荒廃して行くだろう。就学人口の減少を機に、内部充実を図るべき時期に、今差しかかりつつあるのではなかろうか。

何も「学問の府」にこだわらずとも、今後ますます、日本の社会は教養が平準化し、一億総知識人の時代がくるし、現にきつつあるのである。

そうした時代にこそ、大学は、教授たちは、学生たちの全人的教育に、いかに情熱を傾けられるかが、問われる「時」でもあろう。


成熟する為には遠まわりしなくてはならない。

アラン『人間論』

5 「円卓会議」の時代

三代を経た幸福な世代

明治維新を境に、幕末と明治の二つの時代を生きた福沢諭吉は、「一身にして、二代を経るは、至難のことなり」と述懐している。

つまり、単なる生存、生きながらえることを別にすれば、一人の人間が、全く社会原則、価値観の異なる二つの時代を、それぞれの社会的役割を担いつつ生きることは、いかに難しいかという嘆きを、自らの苦心と体験に照らして、漏らした言辞であろう。

福沢諭吉の場合は、「一身にして二代」であるが、私どもの世代（私は昭和四年生まれ）

は、「一身にして三代を経」たと言えるのではなかろうか。

その「三代」を、社会的に有用に生きたかと問われれば、もちろん、私は、平々凡々たる一学究に過ぎず、とても福沢諭吉と同断の沙汰ではないが、あの過酷な戦争の時代、そして戦後の混乱期、更に、高度経済成長以後の、この日本の現実を生きているわけであり、確かに、「三代を経」てきたという実感はある。

それはまさに「三代」であって、連続でもなければ延長でもなく、まさしく断絶であった。終戦を境に、社会の価値観は百八十度転換したし、戦後の荒廃と、高度成長以降の日本は、比較すべくもない。

こうして「三代を経」てきた自分たちの世代を、私は、日本史上、最も幸福な世代ではなかったかと考えている。

まず、一般的に、最も幸福な世代と考えられているのは、戦後派であろう。戦後に生を享《う》け、高度成長期にもの心がつき、現代を謳歌している世代は、日本史上、最も生きるのにやさしい、豊かな、安定した社会に生きているわけであり、人類史上、最高の幸福を満喫していると言っても過言ではないはずである。

今日の日本ほど、豊かで、人間味溢れる、安定した社会というものは、日本史上一度もなかったし、現在の世界中、どこを捜してもない。

ところが、そうした戦後派にもまして幸福なのは、私どもの世代であり、私どもは、戦中の貧窮、困窮、貧乏の味というものを、骨身にしみて知っている。そして、戦後の、主食といえば「いり豆」程度で、おかゆなどは天下の美味、極上の贅沢に属するような時代も経てきた。

母親の衣類を持っては、米、芋の買い出しに出かけ、国鉄だと警察にひっかかるので、私鉄、私鉄を乗り継いで、食糧を求めた苦しい時代も体験してきた。更に、あれよ、あれよという間に、日本の都市、農村を問わず、日に日に国土が様変わりして行く姿も、全てこの両眼をもって眺めることができた。

こうした「三代」の姿を、全て自らの肉体、肉眼を通して、体験し、観察できた私どもの世代は、ある意味では、最も幸福な世代であったと言えないであろうか。

高齢化社会の課題

今日、嫁、姑《しうとめ》の間がしっくり行かず、核家族化の傾向にあると言うが、現在の二十年、三十年の世代の差は、かつての百年、二百年にも匹敵するし、その間の社会慣習、常識、価値の隔絶というものは、言語を絶するものがある。

たとえていうならば、今日の嫁、姑の異和感は、ちょうど大正期の嫁が、天保《てんぽう》時代の家に嫁《か》したほどの異和感にも匹敵するであろう。それほど、価値基準が違っているのである。

しかも、一方では、高齢化社会が目前に迫っており、世代間の隔絶は、更に広がる傾向にある。医学の進歩が平均寿命を押し上げ、いずれ癌の克服される日も近々に訪れようし、そうした場合、人間の「死」は、自然死、事故死以外には考えられない時代になってこよう。高齢化社会の到来は、いわば必然なのである。

こうした高齢化社会、すなわち、ますます拡大する世代間の価値観、感受性の懸絶《けんぜつ》の中にあって、いかに国民の意識を統合して行くか、いかに青年の活力と熟年の知恵を組み合わせ、もって健全なる社会、活力ある社会を築いて行くかは、今後の大きな課題であろう。

現代の日本の社会構造は、たとえてみれば、子供の玩具の「輪投げ」の輪に似ている。赤、青、黄等のそれぞれの輪は、独立して一世代を象徴し、あたかもその色別に断絶しているが、立体的に見れば、それぞれの輪はぴったりと接触しており、ひとつの接続感があって、まさに、現代日本社会の累積現象を象徴しているようだ。

それは、企業社会に例をとれば、重役会議があり、部長会議があり、課長会議があって、更に、新入社員の集まりまであるというような、横の意思統一の上に、今度は、部長は課長の、課長は係長の、係長は主任の合意を取り付けるという、縦の根回しが行われ、全社的に意思が統一されているという現象にも似ている。

このように、日本の社会は、今日まで縦、横の意思統一をもって運営されてきたのであるが、しかし、今後予想される高齢化社会にあって、ますます重層的、複雑多岐に分かれる上下ヒエラルキーの合意を、従来のような方式だけで、まとめあげることが可能であろうか。これは再考を要する課題のひとつである。

全員参加システム「稟議制」

例えば、諸外国が羨《うらや》む日本社会の「やる気」を象徴しているものに、稟議《りんぎ》制がある。

これは、わが国においては、上意下達《じょういかたつ》だけでなく、下意上達のチャンネルも開かれているという制度である。

つまり、下から順に稟議書が上にまわり、最終的にひとつの方針が決定されるわけであるが、その稟議書のどこかに、必ず自分の意思なり、意見なりが反映されていて、それが全面否定されることなく、方針の一部に採用されているという意識が持てるように、システム化されているのである。

すなわち、全員が参加意識を持てるようになっているのが、稟議制なのである。上意下達のパイプだけが異常に太い諸外国とは、自《おの》ずから「やる気」に差異の生ずる所以《ゆえん》である。この参加意識が、前述したような「赤提灯」の発想となり、わが国社会に「やる気」を漲《みなぎ》らせているのである。

この「やる気」の差が、はっきり現れたのが、石油ショックの切り抜け方であろう。日本の場合は、官民こぞって省エネルギーに没頭し、特に企業の場合は、社長命令、部長命令という上意下達のみならず、現場の一人ひとりの工夫の積み重ねによって、著しい効果を発揮し、結果、日本だけが、エネルギー消費量は高まっているのに、石油輸入量は減少するという、見事な対応を示したのである。

アメリカの場合はどうであったか。日本とは全く逆の政策をとり、石油価格を統制し、国内の石油を優遇する一方、海外の石油を買いあさり、ドルの流出を招くとともに、国内では相変わらず、石油の使いっ放しという状態で、今日の苦境に至っている。

社会に漲る「やる気」の差が、今日の日米の逆転を招いているのである。資源のない日本にとって、この「やる気」こそ無形の資産であり、今後とも、この「やる気」の一段の充実が、日本の将来を決するであろうことは、論をまたない。

「円卓会議」が活力を生む

そうであればこそ、従来の意思決定方式だけで充分といえるか、と問えば、これまた再考を要する課題であろう。従来の課長会議、部長会議、重役会議という積み重ね方式の意思決定だけでは、今後の時代要請に、迅速かつ有効に対処し切れなくなることは、明瞭である。

思うに私は、今後は「円卓会議」の時代になるのではないか、と考えている。つまり、新入社員から重役に至るあらゆるヒエラルキーの代表が、一堂に会し、同じ円卓を囲んで、種々の知恵を出し合いながら、意思、方針を決定して行くという時代が、必ずやってくるだろうし、目前に迫っているとも言えるのではなかろうか。

ますます高齢化する日本の社会にあって、熟年世代の知恵、経験、ノウハウと、若年世代の感覚、アイデア、バイタリティを、ひとつの円卓会議でぶつけ合い、吸収し合うことこそ、新たなる「活力」を生みだす唯一の方法ではなかろうか。

その場合に、最も必要とされるのは「表現力」であろう。「円卓会議」が、老若同等の「権利」と「責任」において行われなければならないことは、当然の前提ではあるが、しかし、その中にも、自ずから「分《ぶん》」というものは要請されるはずである。

すなわち、自己の「分」をわきまえつつ、自己主張する「表現力」、ヒエラルキーの差異に応じた「表現力」を、確立することが先決であろう。

例えば、若年世代は、自らのアイデアを、熟年世代が「なるほど」と納得できるような態度、ボキャブラリー（語彙）をもって表現しなければならないだろうし、一方熟年世代も、自らのノウハウを、若年世代が心底から理解できるような表現形態をもって、提示しなければならないはずである。

世代間の断絶などといっても、所詮《しよせん》は「表現力」に帰着するのである。現代の日本人に、最も欠けているのもこの「表現力」であり、人間関係を微妙な表現をもって調整して行く努力、能力に欠けているのである。

ルールなき「個」の確立

「日本人はうさぎ小屋に住んでいる」などと、馬鹿にされているようだが、「うさぎ小屋」結構。どんなに小さかろうと、日本人はやっと一戸建ての家に住めるようになったのであり、今では、中・高校生までが自分の個室を持てるほどに、豊かになっている。

私どもの世代から見れば、夢のような、驚嘆すべき時代である。私は大阪の型通りの長屋で生まれ、そこで育ったのであるが、家族の誰にも個室などというものはなかったし、三人の子供たちは、三畳の部屋でともに寝起きし、布団をたたんでは、そこで勉強をしたのである。

そして、それが大体、一般家庭の常態であったのである。つまり、家庭の中で一人っきりになれるような場所はなく、必ず誰かが同居しているというのが、普通であった。だから、昔から、嫁の泣く場所は便所と決まっていた。

こうしたわれわれ世代の群居生活に較べ、今は個人生活、個人空間というものが確立されている。特に高度成長期以降の若者たちは、「個室」という個人空間の中で、あらゆる電化製品に囲まれて、文化生活をエンジョイしている。

こうした個人生活が確立された一方で、「個」と「個」を結ぶ対話、会話が著しく減少し、円滑な社交関係が結べないという弊害も、惹起《じやつき》しているようである。アベックが喫茶店へ入っても、むっつりと押し黙ったまま、お互いにそこいらのマンガ雑誌を見合っているという光景は、まさしく現代の会話不在を象徴している。

「個」は確立されたが、個と個の触れ合い、対話、及びそのルールは、今もって確立されていないのである。これは若者たちだけの傾向ではない。

近年、立食パーティが大盛況のようであるが、これは本来、旧交を暖めつつも、新交の輪を広げるべく、各人が一巡しながら、会話を楽しむというのが本筋のはずである。ところが、これがなかなか機能的に作用していないようである。

平素ともに過ごしている友人、知人関係を離れ、積極的に社交の枠を広げる絶好のチャンスであるのに、逆にそういう交遊関係だけでグループ化するという悪弊《あくへい》が、老壮世代にもあるようである。つまり、何の為のパーティなのか、分からない仕儀となってしまうのである。

この社交に対する異様な臆病さ、引込み思案こそ、現代日本人の最大の特徴であろう。群居生活時代は、対話、会話が否応なく要請されたわけで、まだしも社交感覚はあった。

それは、家庭の中だけに限らず、例えば、夏の夕暮れ時などは、当然クーラーなどのあるわけはなく、町内の者が皆夕涼みに外へ出ていたわけで、うちわを使ったり、ヘボ将棋を差したりしている中を、たとえ子供といえども、挨拶なしには通れなかったのである。

従って、狭い生活空間の範囲とはいえ、挨拶や会話、社交意識というものは、自然に培《つちか》われていた。しかるに、個室時代の到来は、日常の挨拶を交わすべき機会すら、奪ってしまったのである。

つまり、個室によって人間関係が分断され、巷間《こうかん》言われているように、親子の間ですら、「メシ」「カネ」「ウルセー」の三種の会話しかないという、荒涼たる現象すら呈している。更に、テレビ文化が、こうした傾向に拍車をかけ、家族間の対話すらも奪ってしまったのである。

自己表現と人間関係

しかし、人間は本来「淋しがり屋」であり、老若《ろうにゃく》にかかわらず、社交の輪を広げ、人間的交流、意思の疎通を図って行きたいと願っているはずである。にもかかわらず、そのルール、スタイルの確立されていないのが、今日のジレンマなのである。「個」の確立は、まことに慶賀すべきことではあるが、それによって逆に、かつての社交ルールは、すっかり忘れられてしまった。すなわち、自己表現力が極端に欠如しているのである。

こうして今や日本は、会話のない時代、あるいは、その伝統とルールが見失われつつある時代を、迎えようとしている。それが、喋《しゃべ》り過ぎる人間を軽薄視し、愛想の良い人間を「おべっか」扱いする風潮を生み、自らもまた、会話の口火が切れないという、戦々競々《きょうきょう》たる臆病さにもつながっている。

現代の日本人は、異常なほどの自尊心を抱きながら、自らはアプローチすることなく、他からのインパクト、働きかけを、じっと待っているというのが現状なのである。

最近、外国の有名な小咄《こばなし》に、遂に日本人が登場した。それは、美女一人と男二人が、無人島に流れ着いた場合の、各国人の行動様式を比較したものである。

まずイギリス人の場合は、同じ船に乗り合わせたという関係を出ない以上、それは他人同士であって、紹介者がいない限り会話を交わすこともなく、三人ともに背中を向け合ったまま、ずっと海を眺め続けるという。

ドイツ人の場合は、二人の男が直ちに決闘し、相手を殺した上で、勝った方が美女と結婚するという。

フランス人の場合は、クジ引きで勝った方が正夫となり負けた方が情夫となるという。そして、日本人の場合は、男同士が延々と会議を始め、結局、埒《らち》があかず、テレックスで東京の本社へ問い合わせるというものである。いかにも、外国駐在の日本商社員を風刺した小咄である。ところが、最近の日本人の人間関係のあり方は、イギリス型に、だんだん酷似してきているのではなかろうか。

老いも若きも、お互いにそっぽを向き合い、あるいは、となり近所でさえ、すれ違ってもろくに挨拶をしないという風潮を、いかに克服し、円満な人間関係を樹立して行くか。それには、何をおいても「自己表現」の確立以外はない。

本質的に人間は「淋しがり屋」であり、必然的に人間関係を求める存在である以上、それは可能のはずである。自らの「分」をわきまえつつ、お互いの立場、自尊心を尊重し合い、認め合いながら、自由に対話、会話を交換して行くことは可能のはずである。

これは時代的要請でもあるし、そういう時代は遠からずやってくるだろう。それを私は、「円卓会議」の時代と仮称する。また、「円卓会議」の時代が訪れない限り、日本の社会の健全なる運営は覚束《おぼつか》ない。

その為にもまず、日本人の一人ひとりが、あらゆる機会を捉えて、「自己表現」の意欲と方法を確立して行くことが必要なのではなかろうか。

新しい世界には新しい政治学が要る。
アレクシス・ド・トックヴィル

補論　陸軍は機密費で財テクに走った

機密費という、何だかわけのわからんものがあることを御存知であろう。会社などの組織を運営するにあたって、おおっぴらには表に出せない内緒の工作に必要なカネである。どこへどのように使ったかは記録しない。会計検査を受けないですむという含みで、あらかじめ予算の片隅に加えておく。会社であれば、結局は自社の資金を散じるのであるから、通常であればまあ問題はない。

しかし役所など、税金でまかなわれている公共の組織が、多額の機密費を使うとなればどうであろう。機密費は外に知られては困ることに使うカネである。ガラス張りを旨とする公共の施設に、国民にかくして使われる機密費など、原則として熟した市民社会にあってはならないであろう。

しかし、昔は陸軍に、またおそらくは海軍に、厖大な金額の機密費が流れていた。使い道の公表をしなくてもよいのであるから、そのカネがいかなる方向へ動いたのかわからない。その点に関する推定は本文に記したとおりである。それを記述したときに証拠はなかった。けれども最近、機密費の流れをうかがうことのできる公刊の資料を入手したので、御参考までに紹介しながら、私の論を若干は補っておきたい。

その文献は、衆議院議員・法学博士、清瀬一郎著『第五十二議会に於ける余の機密費事件演説』、昭和二年（一九二七年）四月十四日、新使命社発行、四六判紙表紙、本文八十一ページ、活版、の小冊子である。

清瀬一郎は京大独法を出て、特許法専門の弁護士、大正九年（一九二〇年）から衆院議員に十四回当選、昭和三年普選後初の議会で衆院副議長をつとめた。戦後は東京裁判において東条英機被告の主任弁護人、ウェッブ裁判長の忌避、および裁判所の管轄権について動議を提出、事後法によって裁く権限はないと主張した。のち改進党幹事長、日本民主党政調会長、第三次鳩山内閣の文相、衆院議長を歴任した。自衛再軍備は違憲でない、とする清瀬理論を発表、日米新安保条約の審議にあたっては警官を導入して採決にこぎつけた。昭和政治史に看過できない異色の存在である。

第五十二議会において、その清瀬一郎が弾劾演説をおこなった。ときの政府は政友会内閣、首相は田中義一である。長の陸軍、薩の海軍、と称せられたように、陸軍は法王と呼ばれた山縣有朋から連綿と長州閥が支配している。その嫡流《ちゃくりゅう》は、桂太郎（高杉晋作の柩《ひつぎ》をかついだ）、寺内正毅《まさたけ》（田原坂《たばるざか》で負傷した）、田中義一、と続く。軍閥の中心人物を政党がすすんで統領にいただいたという構図である。そして、陸軍を糾弾した清瀬一郎を、政党である政友会の面々が実力を行使し、清瀬一郎と同志の田崎信蔵とを負傷させた。しつこいようであるが、陸軍を攻撃してはいかんと、政党のメンバーが拳《こぶし》をふるったのである。陸軍が昭和時代を一方的に支配したのではない。政友会が陸軍を政治の場へひきずりこんだのである。

まず、清瀬一郎による概略を聞こう。（なお、明らかな誤字・誤植は正し、句読点を少々整理した）

濫用せられたる臨時軍事費

緒言

機密費と金塊との兩《りよう》問題は、近時《きんじ》の政界を包む妖雲《ようううん》である。共に大正三年より、大正十四年に亘《わた》りたる彼《か》の臨時軍事費に牽聯《けんれん》して犯された非行である。第五十二議會には此《この》軍事費の決算承認案が附議せらる丶事となつた。革新倶樂部《くらぶ》は吾輩《わがはい》を決算委員に擧《あ》げ、委員會の權能《けんのう》を以《もつ》て、徹底的に軍事費使途の調査を爲《な》さしめた。此《この》委員會の資料を提《さ》げて、昭和二年三月二十四日の決算本會議の討論に加はる事となつた。これと知つたる政友會は、我黨總裁《わがとうそうさい》の一大事と爲し、開議前、既《すで》に院内の風雲は甚《はなは》だ急を告げた。論旨やうやく進み、機密費の使途に及ぶや、原、坂井、難波《なんば》、堀切《ほりきり》、吉良《きら》、三善其他《みよしそのた》數《すう》十名の代議士は演説に馳《か》け上り、壇上の辯士《べんし》を毆《なぐ》る。蹴る。踏む。遂には咽喉《のど》を扼《やく》して絶息せしめんと圖《はか》つた。是《こ》れ其《その》論旨が彼等《かれら》の危所に觸《ふ》れたが爲《た》めであること勿論である。議場《ぎじよう》は數時間の休憩を宣《せん》せられたが吾輩は屈せず、再開劈頭《へきとう》、演説を繼續《けいぞく》せんとした。卑怯なる政友會は此《この》瞬間、逆手を用ゐ、却《かえつ》て吾輩を懲罰に附《ふ》するの動議を提出した。懲罰動議は先決問題として辯士發言《はつげん》中にも之《これ》を許すの慣例であるから、此《この》慣例を惡用《あくよう》して吾輩の演説を妨害せんとするのである。之《これ》に對《たい》し吾輩は一身上の辯明《べんめい》を爲さんとしたが、いかな事、狂氣《きようき》となつた政友會は、聞くものでない。幹部指揮の下《もと》に組織的妨害を初《はじ》めた。斯《か》くして二十四日は會議不能に陥り、議長副議長、書記官長は辭表《じひょう》を提出するに至った。

超えて二十五日は開議第一に假《かり》議長を選び、(森田茂君當選《とうせん》)、假議長は非常の決心を聲明《せいめい》し、議事の繼續を圖った。これこそ世界の議會史上、實《じつ》に空前の大騷擾《だいそうじょう》である。

そして問題の演説は次の如くである。私は計算がさっぱりダメなので、お手許における換算をわずらわす。

議會空前の大騷擾を捲き起した機密費事件の演説全文

昭和二年三月二十四日

諸君、私は今議題と相成《あいな》つて居《お》りまする決算中、臨時軍事費特別會計の中で使はれましたる陸海軍の機密費二千六百十八萬《まん》九千九百二十九圓《えん》、それから露軍《ろぐん》援助費の名目の下《もと》に使はれて居ります三十七萬五千八百一圓七十五錢《せん》五厘之《りんこれ》を以《もっ》て不當《ふとう》の支出なりと致し又附帯決議全體《またふたいけつぎぜんたい》に對《たい》しては、不滿足《ふまんぞく》の意思を表する者であります。

そこで此《この》臨時軍事費全體に付《つ》き達觀《たつかん》致しまするると、大正三年より大正十四年に及び、十年餘《よ》も經《へ》た事でありまして、中々多岐多端《たきたたん》であります。今委員長より報告されました委員會の決定は、大體會計檢査院《だいたい》の檢査を基礎と致しまして、其中《そのうち》不當と認めたるものは、大體之《これ》を不當と致して居ります。

政治的及《および》法律的の觀察

私は考へまするに斯樣《かよう》な決算に於《お》ては、會計檢査院などのやる純粹《じゅんすい》の法規的の著《ちゃく》眼《がん》よりして正當であるか、不當であるかと云《い》ふ問題、それから政治家が議會に於て其《その》當不當を審査する場合の標準との間には、自《おのずか》ら多少の區別《くべつ》があり得るものである。そこで私の議論は大體二つに區別致しまして、先《ま》づ法規的の觀察《かんさつ》、即ち會計檢査院のやると同じやうな立場、態度に於て之《これ》を如何《いか》に見るかと云ふ問題と、更《さら》に政治的眼光を之《これ》に加へて見た場合の當不當、此《この》二段に分《わか》つて批判致して見たいと思ふのであります。

そこで先づ檢査院が不當として批難致して居るものに付《つい》ては改めて述べませぬ。

何卒《なにとぞ》検査院の調査報告を御覧下さることを切に希望致します。殊《こと》に先日事後承諾案の討論に際して、私の擧《あ》げました點《てん》、臨時軍事費で以《もつ》て米を買ふ、陸軍の當局《とうきよく》は米を買ふのは國家《こつか》の爲《ため》に買つたと、斯《こ》う云ふことを威猛高《いたけだか》に仰《おつ》しやるけれども、日本の議會《ぎかい》は、陸軍當局に米を買うて、相場《そうば》をして金を儲けて下さいなんと云ふことを頼んだことはない。幾《いく》ら米で御金を御儲けになつても、それはあなた方の專斷《せんだん》のことでありますが故《ゆえ》に、是《これ》はいけませぬ。（中略）

仍《そこ》で先《ま》づ純粹《じゆんすい》の法規的の觀察《かんさつ》として、會計檢査院の不當なりとする以外のものを私は此處《ここ》で概略先づ述べまする。私は檢査院の態度に付《つい》て、遺憾なる點《てん》を四つ持つて居る。日本の會計檢査院としては、もう少し徹底した態度を執《と》るのが當《あた》り前ではないか。四點とは何であるかと云へば、先づ第一が今申した機密費の性質に關《かん》する觀察が足りませぬ。是《これ》が一つ。それからして檢査院自身が自ら進んで科目《かもく》（注／費目《ひもく》）更正《こうせい》と云ふことを行政府に勸《すす》めて居る形跡があります。軍事費を以《もつ》て使つた金を決算に出るまでに通常の會計に移して整理しろと云ふことを、檢査院が勸めて居ると云ふ形跡が歴然として居りまする。甚《はなは》だ私は檢査院の爲《ため》に取らぬ。

それからして補充費の問題であります。戰《たたかい》をしたが爲《ため》に、軍部で以《もつ》て無くなつた材料等を補充する金を、矢張《やはり》臨時軍時費として認めて居ります。終りに軍票《ぐんぴょう》に關《かん》する問題。軍事手票《しゅひょう》と云ひまするが、軍票に關する問題に付《つ》いての調査が足りませぬ。此《こ》の機密費問題、費目更正の問題、材料補充の問題及び軍票問題、此《こ》の四つの點に於《お》いては私は檢查院に向つて甚だ遺憾の感を持つのでありまます。

第一の機密費の事に付《つい》ては、先刻も松浦議員に對し質問を致す際に聊《いささ》か述べて置きました。又《また》議會及《および》議會外に於《おい》て私共の此《この》問題に對する議論は、既に御承知下すつて居ることと思ひます。假令《たとえ》軍事費にせよ、立法機關《きかん》、議決議關で以《もっ》て一般の費用、人件費、物件費として認めた費用を、使ふ方《ほう》の行政部で、是《これ》が機密費だと言つて勝手に或《あ》る範圍《はんい》を劃《かく》して使うて、機密費として使つた以上は、お前等《まえら》は調查が出來ないと云ふことになると、行政權が立法權を蹂躪《じゅうりん》致すものであります。豫算《よさん》制度會計制度を採《と》つた國《くに》に於《おい》て、斯様《かよう》なる機密費と云ふものが有り得《う》べき筈《はず》ではない、御手《おて》盛《もり》の機密費である、手前味噌《みそ》の機密費であります、

既《すで》に使はれた以上は假令之《たとえこれ》を機密費と軍部が名付けても、會計檢查院に於《おい》ては此《この》性質は通常の費目と同じものであつて、唯々若《ただただも》し軍事の祕密と云ふことがあります

れば、祕密に檢査もしやうけれども、檢査院の手が屆く範圍《はんい》であると云ふことを明瞭にしなかつたと云ふ事は、檢査院の爲《ため》に甚《はなは》だ惜《おし》む。今松浦議員の御答辯《ごとうべん》に依《よ》つて私共既に二年の間唱《とな》へ來《きた》つた機密費の理論に關《かん》することが、此《この》議院に於《おい》て略々《ほぼ》採用に近くなつたと云ふことを見て、聊《いささ》か慰《なぐさ》めることでありまするけれども、尚《な》ほ將來《しょうらい》のあることであります、十分に私は御調査を願ひたいと思ひます。

陸軍だけが独歩独往したのではない。そういう乱暴狼藉《ろうぜき》は事実として不可能である。それを手助けした、或いはグルになって事を押し進めた機関がなければならない。今日においてもカラクリはまったく同じである。過ぎさったはるかな昔の話ではないのである。

奇怪なる會計檢査院

第二の科目更生の點《てん》に至つては、實に奇怪なのである——實に奇怪と云ふのは、中々《なかなか》大きな費目に付《つい》て會計檢査院は斯《こ》ふ云ふ事を言つて居る。陸海で以《もっ》て——私が先日事後承諾案で引用致しました事實《じじつ》でありますが大正八年に千六百九十萬圓《まんえん》で支那米を買うた。支那の米でありますからして無論軍人に食はす米ではありませぬ。石數《こくすう》で行けば四十四萬石、陸軍の軍費で以《もっ》て四十四萬石の支那米を買つたのは、どうしたつて是《これ》は豫算《よさん》外の支出に相違ない、臨時軍事費としては如何《いか》に考へても豫算外の支出でありまする。それを會計檢査院がどう言つて居るかと云ふと「當時派遣軍の所要として本件多量の外國米を購入したりとするも購入後大正八年四月乃至《ないし》十二月の間に内地に輸送の上《うえ》農商務省に保管轉換《てんかん》を爲《な》したるものを以《もっ》て」。農商務省に送つて居る、農商務省が戰爭《せんそう》する筈《はず》はない。

尚《な》ほ檢査院が續《つづ》けて言ふのには「決算整理上費目の更正を爲《な》すべきものなるに其《そ》の儘之《ままこれ》を本費の支辯《しべん》と爲すが如《ごと》きは本特別會計の目的に違反するものなりと認めざるを得ず」。費目の更正さへして居つたら、それで以《もっ》て此《この》特別會計の中に這入《はい》つて宜《よ》いと、會計檢査院は言つて居ります。怪《け》しからぬ事である。千六百萬圓もの金を、だぶ付いて居る軍事費の方で取つてしまつてから一般會計に之《これ》を費目更正する、左《さ》様《よう》な事を致してどうして國家の豫算決算の制度が維持出來ませうか。款項《がんこう》の流用さへもやかましい世の中に、臨時軍事費と云ふ特別會計で以《もっ》て使つた千六百萬圓、それを通常の一般會計の方へ書直して置けと云ふことを檢査院が言ふやうでは、私は

日本の會計検査は甚《はなは》だ疑はしいと思ふ。（拍手）
まだそれだけではありませぬ。是《これ》が一千六百萬圓問題でありまするが、もう一つ甚だしいのは、矢張此《やはりこの》臨時軍事費で以《もつ》て（「議長、議席にも著《つ》かないで人の席から發言する原惣兵衛《そうべえ》君に御注意を願ひます」と呼ぶ者あり）（中略）
検査院としては、科目更正をしやうがすまいが、本來《ほんらい》軍事費で以《もつ》て軍隊の使はない米を買うた事それ自身が不當なりとして批難すべかりしものを、胡魔《ごま》化して以《もつ》て一般會計に移した方が宜《よ》い、移さないで以《もつ》て決算に現したのはいけないと云ふことは、子供に泥棒をしたら結構だ、泥棒をしたら後で分《わか》らないやうにして置いたら宜《よ》いのを、半分だけは分るやうにしたから、お前は馬鹿だ、した以上は分らないやうに蓋をして置けと教へる親と同じ事であります。（拍手）
世間では始終検査院を以《もつ》て殆《ほとん》ど手を觸《ふ》ることの出來ないやうな府《ふ》と思つて居りますけれども、段々と世の中は進み、此《この》議會の初めに私が諸君に訴へた點がありまするけれども、司法部に於《おい》ても段々と綱紀《こうき》が弛《ゆる》み、検査院に於ても甚だ腰が弱い、どうしても是《これ》は一大改革をしなければ、日本の現状は持ち行くものではないと、考へて居ります。

第三に斯《こ》う云ふことがある。戰爭《せんそう》の爲《た》めに使ふ所の兵器、彈藥《だんやく》、被服、是《これ》は此《この》豫算の目的でありますす、又《また》平生蓄積を致して居つた彈藥、兵器、被服を戰爭に使ふことも無論宜《むろんよろ》しい、唯々併《ただただしかし》ながら戰爭に使つて無くなつたものを、戰爭が濟《す》んでから後に補充すると云ふことは、戰時豫算の中ではありませぬ。

日本陸軍に限らず、各国の軍隊における問題は、戦時と平時との画然たる差をどのように処置するかの基本方針である。その切りかえに十分な配慮を欠くとき、弊害ははかり知れないであろう。軍人もまた公費でまかなわれる官僚である。官僚は予算の削減には徹底的に抵抗する習性があること自明であろう。

戰爭終了後に增加す

然《しか》るに今回の決算をずつと見て行くと、實《じつ》に不思議なことは、西伯利亜《シベリア》撤兵が大正十一年の十月に完了致して居《お》ります。十一年十月完了後の被服費とか兵器費とか、物件費とかが大變殖《たいへんふ》えて居《い》る、實に大正十二年と十三年の間の物件費と云ふものが、三千四百萬圓に殖えて居る。戰爭中よりも濟《す》んでから後の方が經費《けいひ》が殖えて居る。

どう云ふ譯《わけ》で殖えたかと云ふと、戰爭は濟んでも次の戰爭に備へる爲《ため》に補充する、此《この》補充費を遠慮無しに臨時軍時費で以《もつ》てどん〱注込《つぎこ》んで居るから此《この》結果を生じて居る。是《これ》はどう致しても、臨時軍事費の目的内に入るべきものではなくして、一般の軍備充實《じゆうじつ》費から取るべきものであります。是《これ》も會計檢査院は褒《ほ》めて居る。是《これ》は陸軍だけではありませぬ、海軍も同様《どうよう》であります。海軍も同様な事を公然やつて居りますが、是亦《これまた》承認されて居ります。此點《このてん》に關《かん》しても檢査院の檢査は私は疎漏《そろう》なりと評せざるを得ぬのであります。

終りに此《この》軍票の問題であります。之《これ》に付《つい》て檢査院が殆《ほとん》ど檢査をして居る形跡を認めないのは甚《はなは》だ遺憾であります。

是《これ》は軍國《ぐんこく》の際の便宜方法として二十七八年（注／日清戰爭）、三十七八年（注／日露戰爭）にもやつたことでありませうけれども、今回の場合、即ち一時に大軍が支那の大陸へ行つて直《す》ぐ其處《そこ》で軍費を必要としたと云ふ場合と違つて、今回は前後十有半年に亘《わた》つて長い間やつたことでありますから、勝手次第に軍票を造つて、それで以《もつ》て兌換券《だかんけん》の代りにすると云ふことは、餘程《よほど》考へなければなりませぬ。實に今回の軍票と云ふものは、内地の印刷局で印刷されて、而《しか》も印刷の經費《けいひ》は一般會計で支出して、十年間通用して居る。單《ひと》り十年間通用したのみならず、終期が決めてありませぬから、戰爭が濟んでも永久に軍票なるものが流通し得るのであります。先般政府委員に聽《き》きますると、軍票は手形のやうなものである、けれども、期限を附《ふ》せなかつたから永遠に效力《こうりよく》があるものである、斯様《かよう》に答へて居る。私は日本の會計法に於《お》ては五年間の時效《じこう》と云ふものが規定してあるからして、五年經過《けいか》すれば時效に罹《かか》るのではないかと問ふと、會計法は外國に在《あ》る軍隊には適用がないと答へられた。是《これ》は政府委員の言ひ過ちでありますから、言葉は強《しい》て咎《とが》めませぬ。言葉は咎めませぬけれども、臨時軍事費で使つた所の軍票であるならば、臨時軍事費特別會計が濟んでしまつてから後に、國家の負擔《ふたん》として殘ると云ふことは甚《はなは》だ奇妙な事であります、是《これ》こそ所謂《いわゆる》豫算外に於《お》ける國庫の負擔と言はざるを得ませぬ。

而《しか》して其《その》結末がどうなつて居るかと云ふと、大正十四年の四月一日に、臨時軍事費特別會計は締切《しめきつ》たので、今日《こんにち》は此《この》會計はありませぬ。今日はありませぬが、軍票は未《ま》だ回收せられずして、十九萬四千圓と云ふものが何所《どこ》かにある。十九萬四千圓の軍票と云ふものは、日本へ請求に來《きた》れば、今年でも來年でも百年の後でも拂《はら》はなければならぬと云ふ義務を――議會の協贊も法律の根據《こんきよ》も何にもなしに、大藏省《おおくら》の當局と陸軍の當局がぐるになつて、吾々《われわれ》に其負擔《そのふたん》を課して居られるのでありまするが故《ゆえ》に、之《これ》を正當なる處置《しょち》と云ふことはどうしても出來ませぬ。會計檢査院が何故之《これ》を檢査致さなかつたか、甚だ不思議であります。

況《いわん》や十九萬四千圓の此兌換《このだかん》の準備が何所《どこ》に在るかと云ふと、少くともそれだけの金《かね》が何所かに日本になければならぬのに、段々搜《だんだんさが》しても何處《どこ》にもない。唯々《ただただ》臨時軍事費を一般會計へ引繼《ひきつ》いで居りますからして、大藏省に於《お》ける政府の當座預金の中の何所《どこ》かに這入《はい》つて居る筈《はず》だと云ふだけの答であります。洵《まこと》に不思議な事で、十九萬四千圓と云ふ回收未濟《かいしゅうみさい》があるに拘《かかわ》らず、それに對當《たいとう》するだけの準備金はありませぬ。金《かね》は甚だ小さいのでありますけれども、日本の財政組織と致しましては洵《まこと》に脱線であります。

軍票は議會へ提出せよ

私は此處《ここ》で議會竝《ならび》に政府當局に申しまするが、之《これ》には整理の仕方があると云ふのは軍票を出しました時分の規則、即ち大正三年の九月三日の大藏省の決定と、大正七年八月七日の決定には、何《いず》れも軍票の償還方法竝《ならび》に時期を大藏大臣が決め得ると云ふことになつて居ります。でありまするが故《ゆえ》に私は今日に於《おい》てはどうしても此《この》償還期限を一つ御決めになつて、假令《たとえ》十九萬圓と雖《いえど》も議會の協賛《きょうさん》せざる所の國家の義務と云ふものを、速《すみやか》に打切《うちき》られんことを切望するのであります。

是《これ》と同時に吾々は戰爭の無からんことを是《こ》れ望むのでありまするけれども、將來に於《おい》て戰爭の無いと云ふことは保證《ほしょう》出來ませぬ。斯様《かよう》な場合に於《おい》て軍票の如《ごと》きものを發行さるるならば、必ず議會の協賛を得て適當な方法、合法なる方法を以《もっ》て之《これ》を施行されんことを切望する者であります。將來の戰爭は必ずしも西伯利亜《シベリア》出兵、青《チン》島《タオ》出兵の如《ごと》き小規模のものでないかも分《わか》らぬ。それに軍票の遣方《やりかた》と云ふものが、斯《か》様《よう》に疎漏《そろう》なものであつて、是《これ》が先例と云ふことになりますると、是亦《これまた》國家の禍《わざわい》の一つであります。尚《な》ほ前に申しました通りに十年間の事でありまするから、色々と法規上違法と認むべき點はありまするけれども、先《ま》づ大體《だいたい》法規の立場に立つて眺めて、會計検査院の検査したことの足りない點は、機密費問題、科目更生問題、軍備充實《じゅうじつ》問題、軍票問題と先づ此《この》四つの問題を以《もっ》て切上《きりあ》げたいと思ひまする。(中略)

一般に、組織はかならず自己増殖をはかる。パーキンソンの法則を思いおこしていただきたい。人を増やすことが叶わなければ財を増やそうとする。その工夫が組織の構成員にとっては、自己を売りこみ、頭をもたげる手順となる。陸軍もまた、今日に言うところの機関投資家を気取ったのであるらしい。

是《これ》から議會の立場《たちば》と致しまして此《この》臨時軍事費の使ひ方を如何《いか》に見るか、此事《このこと》に付《つい》て大體《だいたい》の説明を了《おわら》して置きたいと思ひまする。

軍費の四大不當支出

先《ま》づ之《これ》に付《つい》ては同じく四つの問題を限つて討論を致したいと思ひます。先づ四つの問題の第一、臨時軍事費全體《ぜんたい》に通ずる制度、私は假《かり》に勅裁《ちよくさい》の制度と申しまするが、此《この》制度の運用の甚《はなは》だ不可なりしことであります。第二は所謂金塊《いわゆるきんかい》事件であります。第三は此《この》臨時軍事費の終結が甚だ遲延《ちえん》したる所の責任問題であります。第四は出兵目的に關《かん》する問題であります。是《これ》も亦《また》色々と非難すべき點《てん》は多々ありまするけれども、大體此《だいたいこの》四項目に限つて討論を致そうと思つて居ります。

第一の臨時軍事費の制度、殊《こと》に之《これ》と牽聯《けんれん》して居る、勅裁の制度と云ふものが、完全に運用されて居るかどうか。元來《がんらい》軍事費の支出は、大正三年に始《はじま》つて居りまする。一款《かん》二項、軍事費の項と豫備《よび》費の項と一款二項でありまするが故《ゆえ》に、如何《いか》なる名目で以《もつ》て之《これ》を引出すか勝手次第であると云ふので、大正三年大隈《おおくま》内閣の時分に勅裁の制度を執《と》つて、一款二項ではあるけれども、金《かね》を引出す時分には名目を付けて大藏《おおくら》大臣と協議の上に金《かね》を引出す、斯《こ》う云ふことに相成《あいな》つて居りますが、爾來《じらい》十年の間段々《だんだん》と緩んで、此《この》歴史を調べて見ると、初めは勅裁と云ふことも略々《ほぼ》行はれて居つた、略々《ほぼ》勅裁の科目だけに使はれて居つたけれども、時期が進むと同時に何でも彼《か》でも名義は、附《つ》け次第、實《じつ》に亂暴千萬《らんぼうせんばん》に使はれて居る跡は歴然でありまする。

譬《たと》へて茲《ここ》に一例を申しまするると、此《この》大正四年と五年、九年、十年に亘《わた》つて靖國神社の寄附金を調べても、靖國神社に對《たい》する寄附と云ふ名義を以《もつ》て金を引出したことはない。前後金額は二十萬圓程《ほど》でありまするけれども、他の項目で引出した金《かね》を、假令《たとえ》靖國神社にもせよ寄附をする、無償行爲《こうい》で之《これ》を寄附をする、而《しか》して此《この》靖國神社の寄附と云ふことが、本當に其《その》祭典の爲《ため》に使はれたかどうか。諸君は御記憶でありませうが、前年以來陸軍の當局が公金で以《もつ》て公債を買うて利息を儲けた、私《わたくし》の名前で以《もつ》て銀行に預金をして居る問題が議論になつて居りまするが、其金《そのかね》は何であるかと云ふと、官業労働《ろうどう》者の救済《きゆうさい》の資金と、靖國神社の寄附金だと云ふ。軍事費それ自身を銀行に預けたことはない、軍事費で以《もつ》て公債を買うたことはないと仰《おつ》しやるけれども、軍事費を陸軍當局は靖國神社寄附金と名《なづ》けて、自分で名を附《つ》けて、それで以《もつ》て公債を買ひ、それで以《もつ》て銀行預金を爲《な》さつて居るのであります。

斯様《かよう》な寄附を爲《な》し得《う》べきことは、法規上の權限なきのみならず、勅裁を經《へ》た科目の中にも這入《はい》つて居りませぬ。目《もく》もなければ勅裁もないものを勝手に出すと云ふことは、それ自身既《すで》に不法であるが、自分で名前を附けたものを、それを以《もつ》て五分《ぶ》の利息が出て來る、此《こ》の軍事費の運用の遣方《やりかた》は、凡《およ》そ斯《かく》の如《ごと》きものであります。

是《これ》が偶然に出先《でさき》（注／国外における分祀など）で以《もつ》て起《おこ》つた祭典に必要と云ふことならばまだ認めますけれども、靖國神社と云へば、ちやんと日本にある。大正九年、十年――大正四年の一番初めは臨機應變《おうへん》としても宜《よろ》しいけれども、大正九年にもやれば、十年にもやり毎年やる此《この》豫見し得べき寄附金を出す場合に勅裁を經ずに勝手に、掴《つか》み出して僅《わず》かとは申しましたけれども二十四萬圓であります、個人名義で預ければ相當預け甲斐《かい》のある金でありますが故《ゆえ》に、斯《こ》う云ふものを山梨半造《はんぞう》、田中義一と云ふ個人名義で預けて居ると云ふことは、是亦《これまた》相當の過失になるのであります。

（此時《このとき》政友會騒ぐ）

私は少しも議論はしない、悉《ことごと》く此《この》書類の中に在る事實《じじつ》でありますが故《ゆえ》に、疑はしければ能《よ》く御讀《よ》みを願ひたい。政友會の人が御讀みになつても吾々が讀んでも、文字に二つはありませぬ。殊《こと》に怪しいのは、大正十二年に至つては、初めより一箇年の間、少しも勅裁と云ふことを經ずして、一年間の軍費の支出をされて居りまする。之《これ》を要するに、臨時軍事費十年間の會計と云ふものは、私は大體《だいたい》に於《お》て紊亂《びんらん》を極めたる會計であると思ひます。

平成十五年現在、金《きん》を買う人が幾分か増えているとテレビが報じている。竹下登首相が地方へ一億円ずつばらまいたとき、淡路島の津名町が一億円の金塊を購入し、役場の玄関でガラスケースに入れたところ、たいへんな評判になったという。大正の軍人も金塊に食指を動かした模様である。

次に金塊に關《かん》することを聊《いささ》か御説明を致して見ます。此《この》金塊と云ふことを申します、と陸軍大臣は直《ただち》にどうも神經《しんけい》を尖らされて、大きな聲《こえ》で答辯《とうべん》をされます。無暗《むやみ》に大聲を發《はつ》して御答《こたえ》になる必要はなかつた。陸軍大臣は當年《とうねん》の人に聽《き》けと仰《おっ》しやる。今十年間の決算を御出しになつて置いて、昔のことは昔の人に聽いたら宜《よ》いではないかと言ふ放言をされても、それでは決算が濟《す》みませぬ。さうすると云ふと、昔の人、山梨半造の言つたこと、田中義一の爲《な》したと云ふことを言ひ出すと云ふと、それはどうも後備役《こうびえき》、豫備役《よびえき》に居る者の言ふことは、己《おれ》は責任を負はぬと仰《おっ》しやるのでありますから、金塊問題と云ふものは、矢張《やはり》怪事件であつて、遂に明瞭なることは出來ませぬのであります。

唯々《ただただ》外務大臣の答辯《とうべん》に依《よ》ると云ふと、黒龍江《こくりゅうこう》の「プレヤ」鑛區《こうく》で取つた所の金塊、「ゼーヤ」で取つた所の金塊は、「オムスク」政府に還《かえ》したことがある。陸軍は一方で取つた金を大藏省《おおくら》に納めずに、片一方で直《すぐ》に返して宜《よろ》しいか。名前は返したのであるが、是《これ》が即ち露軍《ろぐん》の援助を致した一部分であります。

それからして陸軍の當局は、兩替《りょうがえ》などは致したことはないと仰《おっ》しやるけれども、あの戰爭の際に、西伯利亜《シベリア》で以《もっ》て金塊が陸軍當局の手に依《よ》つて、兩替せられざりしと云ふことは、何人《なにびと》も認めませぬ。地方の富豪では一日に五萬留《ルーブル》しか兩替出來ないと云つて、終《おわり》には正金《しょうきん》銀行を頼んで、一萬圓に對して八十圓の手數料を出して、それで両替をしてどん〳〵使はれて居る。日本の國庫に先《ま》づ引繼《ひきつ》いで、而《しか》して國庫から再び請求するものを、向ふで取ふて向ふで使ふ、是《これ》が即ち金塊。其《その》使ひ方に付《つい》ては如何《いか》なる檢査もすることは出來ませぬ。そこで幾ら大きな聲《こえ》で仰しやつても私は疑ふのであります。しかし漫然たる疑《うたがい》を此《この》壇上で私は滔々《とうとう》と述べる者ではない。悉《ことごと》く證據《しょうこ》を以《もっ》て疑《うたがい》の疑たる所以《ゆえん》を明《あきらか》に致します。

茲《ここ》に明治三十七年の陸軍省達八十七號《ごう》と云ふものがあります、之《これ》に依《よ》りますと通貨及金銀塊《およびきんぎんかい》と云ふものは、陸軍會計監督部長が之《これ》を受取つたならば、直《ただち》に國庫に納入の手續《てつづき》を爲《な》すべし。外《ほか》の戰利品であれば別であるけれども、通貨と金銀塊は直《ただち》に國庫に其物《そのもの》で以《もっ》て納付しなければならぬ規則であります。此《この》規則の理由は説くに及ばない、何人《なにびと》も分《わか》ります。金位《きんくらい》早く手の付き易《やす》いものはない。然《しか》るに是《これ》は大藏當局より私に御交付になつた書類でありますが、それに依りますと、大正七年九月十六日に歩兵第四十七聯隊《れんたい》第一中隊が、「アレキセーフスク」と「ゼーヤ」の附近で以《もっ》て過激派と戰闘をした際に取つた金塊、それから同年十月十五日に同大隊が「ブラゴ・エスチエンスク」で取つた金塊、額《かんめ》は二貫目程でありまするが、是《これ》は大正七年でありますが、國庫に納付した時期は何時《いっ》であるかと云ふと、大正十二年の一月六日で、大正七年に取つた、金塊七、八、九、十、十一、十二、と六年間陸軍の何所《どこ》かに潜んで大正十二年一月に國庫に引繼《ひきつ》がれたのでありますから、此間《このあいだ》色々な物に化けます。之《これ》を疑はざらんと欲するも能《あた》はないのであります。併《しか》しながら（「反對《はんたい》演説か贊成演説か」と呼ぶ者あり）無論是《これ》は反對演説であります、能《よ》く御聴《おきき》を願ひます。

大正十五年から昭和二年にかけて、いわゆる円本（注／定価一冊一円の全集・叢書）が多くの読者を得て配本を開始したとき、第一回の配本にどの作家が選ばれるかは注目のまとであった。蓋をあけてみれば、『現代日本文学全集』も『明治大正文学全集』も、第一回はともに尾崎紅葉《こうよう》であった。「金色夜叉《こんじきやしゃ》」の評判はそれほど高かったようである。そしてそのころ陸軍にも、間貫一《はざまかんいち》のような連中が幅をきかしていたのであるらしい。

金塊保管の眞相

そこで大正七年頃に入つて來た金塊が世間で以《もつ》てやかましくなつた。大正十二年までの間如何《いか》なる所に潜んで、何人《なにびと》が之《これ》を噛《かじ》つたかと云ふことは、審《つまびらか》にすることは出來ませぬ。唯々是《ただただこれ》は怪むべき事であると云ふことは、是《これ》は明《あきらか》である。そこで世間の風説になつて居るものは、然《しか》らば此《この》七年から十二年まで隠《かく》してあつた金塊と云ふと、それでもない。まだ〲金塊と云ふものは澤山《たくさん》ある。一般世間の風説を惹《ひ》いた金塊は何であるかと云ふと、柏田《かしわだ》君が著眼《ちゃくがん》された所の、此《この》大正九年二月十三日「ハバロフクス」で取つた百萬圓の金塊であります。それで此《この》金塊の事は、世間或《あるい》は一部公表され、一部隠蔽《いんぺい》され、或《あるい》は之《これ》を胡麻化《ごまか》す爲《ため》に、色々の細工が出來て居りますから、甚《はなは》だ明瞭と云ふことは出來ませぬが、是《これ》だけは明瞭である。大正九年二月には、日本は露軍《ろぐん》を援助せざることに決つた。此《この》援助の可否は別に論じます、後に論ずる。只《ただ》さへ弱い所の「カルミコフ」は、日本軍の援助を得ませぬからして、將《まさ》に逃げやうと致しました。其時《そのとき》に「ハバロフスク」の國立銀行に百萬留《ルーブル》ばかりの金塊が、あつたのであります。此《この》金塊百萬留があると云ふことは、豫《かね》て日本の軍に知れて居りました。日本の大井大將《たいしょう》は、是《これ》は國立銀行の金であるからして、手を觸《ふ》れてはならぬと云ふ嚴命《げんめい》を下して、門番まで附《つ》けて居つたのであります。「カルミコフ」は此《この》金塊を押收《おうしゅう》して來て、五味《ごみ》大佐の——是《これ》は特務機關たりし五味大佐であります、此人《このひと》の承諾を得たりと稱《しょう》して、三十聯隊長の菅《すが》大佐に預けたのであります。是《こ》れが抑々《そもそも》間違の第一歩である。そこで菅大佐に預けた時分の條件はどうであつたかと言へば、大佐も大變《たいへん》躊躇した。こんな物を預つては困ると云ふので非常に躊躇致しましたが、其時《そのとき》の條件は此所《ここ》に之《これ》を置いて居つても、過激派に取られてしまつては、何にもならぬからして、どうか日本軍に持つて行つて貰ひたい、けれども若《もし》も他日「ウスリーコサック」が生活に困つた時には渡して貰ひたい、斯《こ》う云ふことである。之《これ》を言つて來たのは「クロック」と云ふ副官であります。そこで如何《いか》なる金を如何《いか》なる條件で受取つたかと云ふことは、元三十聯隊長の……（中略）

菅大佐と云ふ者の聽取書《ちようしゆしよ》が茲《ここ》にありましたからして、議長の許可を得て、速記に止《とど》めたいと思ひます。之《これ》を御覽《ごらん》下さると云ふと、あの金塊は國立銀行の金塊であつたと云ふことも亦《また》「ウスリーコサック」が不自由をした場合には渡して呉《く》れと云ふ金塊であつたと云ふことも、完全に分《わか》ります。

然《しか》るに日本の軍隊は、其後《そのご》撤退することに相成《あいな》りました。大正十一年の二月に我軍は西伯利亜《シベリア》を撤退することになりましたから、此《この》金塊も同月の十二日に、預けてありました朝鮮銀行からして朝鮮銀行の下關《しものせき》支店へ移されて居ります。此事《このこと》は朝鮮銀行支店長の伊藤と云ふ者の聽取書があるから、是《これ》で能《よ》く分ります。是《これ》も議長の許可を得て、速記に留《と》めることを御許《ゆるし》を願ひたい。(「此所《ここ》で讀《よ》め」と呼ぶ者あり)必要な程度を讀んで置きます。

さう致しますと、此《この》金塊の一百萬留《ループル》と云ふものは、大正十一年の二月から、ずつと下關其他《そのた》内地に在つたと云ふことが明瞭である。

そこで大正十二年の頃に至つて、之《これ》を返して呉《く》れと云ふ者が出て來た、是《これ》が返還を求める者がありました。是《これ》からが問題である。此《この》日本軍隊が預かつて居つた一百萬留の金塊を、陸軍省に向つて返還を求めて參《まい》つた。其時《そのとき》の陸軍大臣は山梨半造君でありましたが、之《これ》には應《おう》じなかつた。返還を求めて來た者は、一部分は彼《か》の預け主の「カルミコフ」に渡してあつた所の受取書を持つて居る者であります。是《これ》より先「カルミコフ」は支那の吉林《きちりん》省で殺されて居ります。預け主は殺されて居る。であるからして預け主たる資格を以《もつ》て取りに來る者は無いけれども「ウスリーコサック」系統の者が返して呉《く》れと言つた。是《これ》は初めからの條件である、又「カルミコフ」を殺した者が取つたか、其《その》受取書を持つた者が日本内地に這入《はい》つて其《その》持主が返して呉《く》れと言つて來た。所《ところ》が之《これ》に對する山梨半造君の態度は、是《これ》は露西亞《ロシア》の公金である、公の金《かね》である、假令《たとえ》「ウスリーコサック」が來やうが、又受取書を拾つた者が來やうが、是《これ》は渡されない。是《これ》が其《その》態度でありました。所《ところ》が其後《そのご》或者《あるもの》の交渉に依《よ》りまして遂に之《これ》を返すことになつた。是《これ》が不思議である。

奇怪極る金塊の行衛《ゆくへ》

日本の軍隊として、一旦《いったん》公金なりと認めた物を、公金ならば鹵獲《ろかく》（注／戦利品）の手續《てつづき》をするが宜《よろ》しい。或《あるい》は又《また》露西亜《ロシア》政府が出來れば、――次に承繼《うけつ》ぐべき政府が出來れば、其《その》政府に返還するも宜《よ》い。軍隊でもつて、日本の國費を以《もつ》てやつた所の戰爭に依《よ》つて日本軍の手に落ちた物を、山梨半造と云ふ人が一二の友達の進言に依つて、易々《やすやす》と之《これ》を返すに至つたのは、甚《はなは》だ疑《うたがい》の元《もと》であります。（拍手）そこで如何《いか》なる返し方を致したかと云ふと、大正十二年の三月の二十九日に下關に於《おい》て、山田軍太《ぐんた》郎其他《ろうそのた》の者を遣《つか》はし之《これ》を返したと稱《しょう》する。で此《この》返した金額が實《じつ》は疑問である。それで以《もつ》て陸軍省に當日まで保管してあつた金額、返した金額は幾らであるかと質問をすると云ふと、それは鄭重《ていちょう》に秤《はかり》で量《はか》つて返したと云ふ。鄭重に秤で量つて返したと云ふのに、其《その》金額は幾らであるかと云ふことを聴《き》いても、中中《なかなか》言はない。段々追窮《だんだんついきゅう》をすると云ふと、到頭《とうとう》言葉に窮《きゅう》して言ふのには、それは二百十二貫《かん》四十匁《もんめ》であつたと言ふ。二百十二貫四十匁と申しまするど、日本の金《かね》にすれば一百六萬圓である。三月の二十九日に百六萬圓と云ふ大金、重さから言つて約二百貫の金塊を、證書《しようしよ》を持つて來た——拾うたか取つたか分《わか》らぬけれども、さう云ふ者に渡す筈はない。

そこで此時《このとき》の陸軍大臣山梨氏の態度と云ふものは、實《じつ》は金《きん》は渡すのぢやない、金は公金で渡すのぢやないけれども、彼等が持つて居る證書を捲上《まきあ》げると云ふ心持《こころもち》であつたのであります。此《この》當時幾らの金《かね》をやつて證書を捲上げたかと申しますと、大《だい》體傳《たいつた》へられて居る所に依りますと、八萬圓の金《かね》を彼等に遣《や》つて、六萬圓の倉敷料《くらしき》を拂《はろ》うて、前後十四萬圓の金《かね》を彼等に與《あた》へて、金塊の受取書を捲上げたのであります。（拍手）さう致しまするど、十四萬圓と百六萬圓の間の金《きん》九十何萬圓と云ふ金塊は、日本の内になければならぬ。（ヒヤ〳〵）此《この》當時から今日に至るまで、金《きん》の輸出は禁止されて居ります。此《この》金塊が或《あるい》は各所に隠《かく》された——隠すより顯《あら》はるゝはなし。世間の風説を生み、噂を生み、是《これ》が公債に化けたり、機密費に化けたり、色々な物に化けて政界を蠹毒《とどく》するに至つたことは、實《じつ》に嘆かはしい事であります。

此《この》金塊の問題が明《あきらか》にされて、九十何萬圓と云ふ金塊は誰が取つたかと云ふ目星は、國民は判決を致して居ります。（「誰が取つたかはつきり言つて見ろ」と呼ぶ者あり）

諸君、尚《な》ほ此《この》問題に付《つい》て疑ふべきことは、それだけではありませぬ。尚《な》ほ此《この》臨時軍事費の決算と云ふものが、締切を徒《いたずら》に遲延《ちえん》されて居ります。此《この》軍事費は本來一般會計の歳入歳出から區分《くぶん》して、事件終局までを一つの會計年度とする。所が、一方で斯様《かよう》なる問題がありまするからして、時の當局は此《この》特別會計の打切を故意に遷延致して居ります。事件の終局までと言へば、先づ考へなければならぬのは、歐羅巴《ヨーロッパ》戰爭の終結が一段落、歐羅巴《ヨーロッパ》戰爭が終結を致しましても、我國では西伯利亜《シベリア》出兵と云ふものが殘つて居つた。そこで此爲《このため》に使つても宜《よ》いと云ふことを許すならば、西伯利亜《シベリア》出兵の終りました時即《すなわ》ち撤兵の完了しました日でもつて、事件は終結して居るものと謂《い》はなければならぬ。

此《この》特別會計法の正文は斯《こ》うである。「大正三年臨時事件費に對する臨時軍事費の會計は一般の歳入歳出と區分《くぶん》し事件の終局までを一會計年度とし特別に之《これ》を整理す」。此《この》會計法を廢止《はいし》しないでも、事件さへ終結すれば、それで以《もつ》て年度は終ると云ふのでありまするから、大正十一年の七月二十八日に、沿海州《えんかいしゅう》北滿洲《きたまんしゅう》全部撤兵の閣議が決つて、十月の下旬に悉《ことごと》く日本へ歸《かえ》つて居ります。大正十一年の十月下旬からは、日本の出征軍人は一人も西伯利亜《シベリア》に居りませぬ。此所《ここ》で以《もつ》て事件は終結を致し、臨時軍事費の決算は、國民の前に曝《さら》け出すべき必要があつたのであります。

前の戰爭は日清戰爭にもせよ、日露戰爭にもせよ、一年餘《あま》り二年弱の戰爭でありましたが故《ゆえ》に、一會計年度として整理を致しても弊害を生じなかつたが、既に十年も會計が繼續《けいぞく》して居る。それで以《もつ》て既に相當の弊害が生じて居るのに、而《しか》も撤兵をして兵隊は向ふの土地に居らぬのに、臨時軍事費特別會計だけを殘して置くと云ふ理由は抑々何所《そもそもどこ》に在《あ》つたか。それは此《この》臨時軍事費の特別會計を打切ると云ふと、今迄やつて居つた所の遣繰《やりくり》が、比較的速《すみやか》に世間に暴露すると云ふ心配が一つと、もう一つは、臨時軍事費と稱《しよう》して、實《じつ》は戰爭に要らぬ金を澤山《たくさん》陸軍が持つて居つた。（拍手）大正十一年の年度末と申しますと……（中略）

大正十一年の年度末は大正十二年三月三十一日と假定《かてい》致します。一般會計の日を取つて申しますと――其《その》時分に陸軍の手許に剩《あま》つて居つた金《かね》が幾何《いくら》あると思召《おぼしめ》すか。戰爭の濟《す》んだのが大正十一年の七月、大正十二年三月三十一日に殘つて居つた金は、驚く勿《なか》れ六千萬圓。戰爭が濟んでも六千萬圓の金が殘つて居るからして、之《これ》を使つてしまはなければ、此《この》會計を整理すると陸軍が損をする。即ち是《これ》が當時の當局が、軍事費の整理を故《ことさ》らに遲延せしめた理由であります。（後略）

よほどの悪人でないかぎり、およそ人間の行動は正直なもので、機密費の行方を清瀬一郎に追求されたら、おおいに困る政友会の面々が、議事の妨害にひたすら努めた。彼らは陸軍の機密費のおこぼれを頂戴していたのである。昭和史をファシズムだとか何だとか、薄っぺらいハイカラ語をふりまわして論じる必要はない。

陸軍は多額の予算をぶんどったそのうえに、機密費をたっぷりぶんどった。それを以て証券やら金塊やらをいじって財テクに励んだ。陸軍がハイエナであるように政友会もまたハイエナであった。カネの匂いに敏感な政治家たちが一斉に機密費をかじりとった。カネを持っている者は強い。陸軍は政党を買収した。政治家はカネさえ手にすることができたら、それが何処から流れ出たものかは問わない。

何故それほどカネが必要であったか、選挙の買収につかうためである。買収された者が買収するというまわりまわっての流れである。カネは天下のまわりもの、と昔からいう。

海図のない時代――旧版あとがきに代えて

長い長い日本の歴史を、仮に英断を以て二分割するならば、遙か考古学的遺跡の時代からつい先程、つまり第一次石油ショックから第二次石油ショックの間、即ち昭和五十年前後、この時期を以てすっぱり切断することが出来るであろう。世界で我が国のみが石油ショックを巧みに切り抜け、経済効率に於いて世界のトップに進み出た瞬間、この時期を以て日本歴史の第一期は終了した。以後の我が国は従前には経験した覚えのない、新しい、未知の時代へ知らぬ間に突入したのである。

それ迄の日本は有史以来、常に追い付け追い越せの課題を荷《にな》っていた。騎馬民族が日本列島に上陸したか否かに関わりなく、太古から我が国の政治的文化的視野には、一貫して先進国のモデルがあった。改めて遣唐船の例を引く迄もなく、当初はシナ文化が我が国から見て世界文化の中心であり、シナ文化の摂取が即ち日本全体にとっての向上であった。日本文化の独立性が、明確に意識され始めた鎌倉期以後と雖《いえど》も、それは独立の自覚であって先進の誇りではなかった。依然としてシナは学ぶべき模範であった。近世期をリードしたのは儒学、文化の上層は漢学によって支配された。そして近世中期以後は先覚者による、身を挺しての蘭学の摂取が始まる。文化の爛熟期として最も代表的な文化文政期と雖も、我が国を先進国と自任するに至った例は見出し難い。日本人の歴史意識は漢籍によって養われた。国学は在野の学として興《おこ》り、我が国の歴史物語は俗書の扱いである。正規のテキストは四書五経であった。

次いで来る近代期は日本史上、最も徹底的に後進国意識が、強迫観念として浸透した時代である。劣れるもの遅れたるもの弱きものとしての自覚が、津々浦々の日常感覚に浸透していた。実際に数えれば産業革命から五十年後の出発、しかし両者の間隔の距離感が、如何《いか》に絶望的に痛みを以て感じとられた事か。近代日本は〝西洋〟に追い付け追い越せの時代。いや追い越すなんて金輪際あり得ない夢のまた夢、兎にも角にも追随であり模倣であった。

と同時に方向感覚が疑いもなく明示されていて、暗中模索を強いられる思案投げ首は必要なく、目標に見据えたお手本のモデルへ、追い付き近寄り追り同格化する為の、直線の努力にのみ没頭すればよかった。近代日本は自らを弱者と規定する自覚を、国力増進への志向のバネに活用した。弱者の権利とも言うべき自己主張の思考法を、明治以来の日本人は骨の髄まで身につけたわけである。

戦後は勿論アメリカを先進モデルとする模倣と学習の時代、それが昭和五十年前後を以て予想外に早く終る。ここで初めて日本は有史以来、お手本としての目標を見出せぬ時代に移行した。即ち未だ嘗《かつ》て一度も経験しなかった、何処《いずこ》と較べても日本を後進国と卑下する必要のない、モデルなき模範なきゴールの予想なき時代を迎えた。国初以来、二千有余年を閲《けみ》した日本史の後進国時代が、敢《あえ》て意図したのでもなく時期を区切って努めたのでもないのに、ふと気付けば既に確実に終っていたのである。昭和五十年を過ぎた頃を以て、日本史はそれ以前とは画然と異なる時代に入った。言うなれば大化の改新や鎌倉幕府の成立や応仁の乱や明治維新や終戦よりも、遙かに構造的また心性的に劇的な地殻変動である。後世の史家は必ずや昭和五十年代初頭を以て、日本史の根柢的な最大の画期と評価するに違いない。

故に現代日本は自らの針路に拠《よ》るべき典範なく、現実に処する試行錯誤によって方向を探し求めるべき、海図のない航海時代を迎えている。すべてが危険な暗中模索であり、果てしなき其《そ》の日暮らしの継続と言えよう。

この時期に当って日本歴史を見直し、日本人の智恵と活力を再発見するのが、本書の一貫して志した主題である。もとより史書でもなく史論でもない、くつろいでの雑談であり炉辺の夜話である。過去を振り返り探ってはいるが考証を意図しない。現代すぐ間に合う当面の課題をめぐって、自己流の思案を綴った素描である。

私は職業としては学究の末端に連なっているものの、学問の為の学問には義理立てしない。現代の日本人として生きて行く目安、勘所《かんどころ》の模索が私の主たる関心事であり、その問題をめぐっての答案を、いちおう要約したのが本書の試みである。もし何程かの示唆を汲み取っていただければ、すなわちヒントの芽として読者の咀嚼《そしやく》に供し得れば、幸いこれに過ぎるものはない。

昭和五十七年六月三十日　愛染祭の夜

谷沢永一

本書は、一九八二年九月に講談社より出版された『「正義の味方」の嘘八百―昭和史のバランスシート』に補論を収録して改訂・改題したものです。

谷沢　永一（たにざわ・えいいち）

関西大学名誉教授。昭和4年、大阪市生まれ。関西大学大学院博士課程修了。専門は日本近代文学、書誌学。社会評論にも幅広く活躍。サントリー学藝賞、大阪市民表彰文化功労、大阪文化賞、2004年には『文豪たちの大喧嘩―鷗外・逍遥・樗牛』（新潮社）で読売文学賞受賞。著書に、『完本・紙つぶて』（文藝春秋）、『百言百話』（中公新書）、『回想　開高健』『雑書放蕩記』（新潮社）、『日本近代文学研叢』全五巻（和泉書院）、『書物耽溺』（講談社）、『人間通』（新潮文庫）ほか多数。

歴史通（れきしつう）

2004年4月27日　初版発行
2008年11月11日　第4刷

著　者　谷沢　永一

発行者　鈴木　隆一

発行所　ワック株式会社

東京都千代田区九段南 3-1-1　久保寺ビル　〒102-0074
電話　03-5226-7622
http://web-wac.co.jp/

印刷製本　図書印刷株式会社

ISBN978-4-89831-522-4

好評既刊

渡部昇一の昭和史 正［改訂版］

渡部昇一

B-092

日本の言い分を抹殺した米欧中心史観よ、さらば！——明治維新の世界史的意義から、歪曲された戦争責任に至る現代史を読み直す。これが昭和史のスタンダード！　本体価格九三三円

渡部昇一の昭和史 続

渡部昇一

B-093

なぜ、日本のリーダーたちは〝歴史認識〟問題で、中韓にやりこめられるのか？　昭和史の四つの出来事から、正しい事実認識の必要性を説く。　本体価格八五七円

渡部昇一の日本史快読！

渡部昇一

B-017

世界史における日本の意味と意義も分からずに、日本の進むべき道は見えない！——これまでの五〇〇〇年と、これからの二五〇〇年を縦横に論じた渡部史観の結晶！　本体価格八八〇円

好評既刊

この厄介な国、中国［改訂版］
岡田英弘
B-083

膨張するいっぽうの経済・軍備――。この隣国とそれでも付き合うための知恵を、中国史、歴史学の泰斗が縦横無尽に語る。教科書では習わない〝仰天の中国〟が満載。本体価格九三三円

厄介な隣人、中国人
岡田英弘
B-082

中国は日本の隣に未来永劫存在し、日中関係は結局同じことを繰り返す。ならば、彼らの歴史をひもとき、中国とは、中国人とは、その真の姿を再確認する必要がある。本体価格九三三円

日本人のための歴史学
岡田英弘
B-063

日本人は米・英・独・仏のどの国民でもない。だから日本の「世界史」は、当然日本中心でなければならないはずだ。歴史学の泰斗が放つ本当の歴史の読み方！本体価格九三三円

好評既刊

なぜ、日本人は韓国人が嫌いなのか。

岡崎久彦

B-056

日本人は隣国・韓国のことに無知すぎる。韓国人に対する日本人の嫌悪感情は、そのことに起因する。本書を読めば、韓国と韓国人のことが、本当によくわかる。

本体価格九三三円

硫黄島　栗林忠道大将の教訓

小室直樹

大東亜戦争末期に起こった硫黄島の死闘から、教訓を得て生かさなければ栗林中将以下、二万人の死が無駄になる。日本人に警鐘を発する待望の書き下ろし！

本体価格一六〇〇円

黄文雄の大東亜戦争肯定論

黄文雄

世界史の大きな流れの中で大東亜戦争を検証すれば、自存自衛の戦争だったことが明らかになる。のみならず、白人の世界支配の阻止にも貢献したのが真実だ！

本体価格一六〇〇円